权利配置视角下的
中国企业要素收入分配研究

The Enterprise Factor Income Distribution in China under the Perspective of Right Configuration

许 明◎著

图书在版编目（CIP）数据

权利配置视角下的中国企业要素收入分配研究/许明著. —北京：经济管理出版社，2018.9

ISBN 978-7-5096-6020-1

Ⅰ.①权… Ⅱ.①许… Ⅲ.①企业管理—收入分配—按要素分配—研究—中国 Ⅳ.①F279.23

中国版本图书馆 CIP 数据核字（2018）第 214192 号

组稿编辑：丁慧敏
责任编辑：丁慧敏
责任印制：黄章平
责任校对：董杉珊

出版发行：经济管理出版社
（北京市海淀区北蜂窝 8 号中雅大厦 A 座 11 层 100038）

网　　址：www.E-mp.com.cn
电　　话：（010）51915602
印　　刷：北京玺诚印务有限公司
经　　销：新华书店
开　　本：720mm×1000mm/16
印　　张：11.5
字　　数：206 千字
版　　次：2018 年 9 月第 1 版　2018 年 9 月第 1 次印刷
书　　号：ISBN 978-7-5096-6020-1
定　　价：48.00 元

·版权所有　翻印必究·

凡购本社图书，如有印装错误，由本社读者服务部负责调换。
联系地址：北京阜外月坛北小街 2 号
电话：（010）68022974　邮编：100836

前　言

"有国有家者，不患寡而患不均，不患贫而患不安。"收入分配问题自古备受关注，其中涉及的公平正义问题不仅是人类的基本道德问题，更是制度和秩序问题，事关经济发展、民生改善与社会稳定。本书旨在从权利配置角度对中国企业要素收入分配问题进行研究。权利配置是制度问题的核心，也是本书研究的切入点。

本书首先在对新古典主义要素收入分配理论批判的基础上，建立了以参与权、收入权和保障权三维度的权利配置影响企业要素收入分配的理论基础和基本思路。其后，将企业要素收入分配划分为劳动要素收入、资本要素收入和政府部门收入三个层次，基于中国工业企业数据库，对中国企业1998~2007年连续10年的收入分配情况从整体、行业性质、规模、所有权性质和地区分别进行测算，以明晰中国企业要素收入分配的现状及主要问题。本书的实证重点在于分析劳资双方权利配置的不同对企业要素收入分配的影响。最后，结合中国实际，提出了权利配置改革企业要素收入分配的原则、总体思路和实现路径，并进一步对国有企业的要素收入分配制度改革提出了三点建议。通过研究，本书主要得出了以下六点结论：

（1）改革企业要素收入分配的重点在于大型垄断国有企业。通过对中国企业要素收入分配按行业性质、规模、所有权性质和地区等方面进行测算，表明要素收入分配，尤其对劳动和资本要素，垄断行业、大型企业、国有企业、中西部地区企业的要素收入占比变动尤为强烈，即劳动要素收入占比下降得更快，资本要素收入占比上升显著。

（2）权利配置对企业要素收入分配具有重要影响。企业内部的权利配置能够转化为各种收入模式，对要素形成了不同的激励，决定了企业内各种要素的收入。企业内部权利配置可以抽象为三个最基本的维度：参与权、收入权、保障权。参与权强调在起点平等的条件下参与竞争，收入权强调过程公平、合理，保障权保障分配的结果更加公正。

（3）劳动者并未获得"公平"的劳动收入。以2004年中国工业企业数据库统计得到的平均员工劳动收入11000元/人来测算，员工实际应该得到的"公平"劳动收入为11947.43元/人，足足少了947.43元。

（4）实证研究表明，权利配置在企业要素收入分配中扮演重要角色。总体上，权利配置平均程度上能够分别解释企业内部劳动、资本政府部门收入占比的24.85%、17.55%和11.18%；时间变动上，权利配置各维度对要素收入分配总体影响贡献大小依次为收入权、保障权和参与权。

（5）权利配置的重点仍在于不断提高劳动者的收入权。中国企业内部，劳动要素越来越无法替代资本要素，Translog模拟与真实的企业内部要素收入占比变动趋势具有一致性，即存在劳动要素收入占比不断降低，而资本要素收入占比逐年提高的现象，当务之急是提高劳动者的收入权。

（6）改革好企业内部要素收入分配问题，就必须重视权利配置，使权利配置更倾向于劳动者。以平等参与权实现起点公平；以共享的收入权实现过程公平；以充分保障权实现结果公平。同时，国有企业是收入分配制度改革的重点，政府应大幅度提高国有企业，尤其是大型垄断性国有企业的利润上缴比例，使上缴部分更多地用于民生改善。

与既有研究相比，本书可能存在的创新之处体现在以下三个方面：

（1）首次利用大型企业层面微观数据对中国企业要素收入分配进行系统测算。全面考察了中国企业要素收入分配的动态变迁，能够对中国企业要素收入分配的演化有较为清晰而全面的认识，为这一领域的研究提供微观层面证据，同时将政府部门纳入要素分配范畴，将劳动、资本、政府部门三者的关系统一到要素收入分配的研究框架之中，更加符合实际情况。

（2）为相关研究提供了一个崭新的视角。权利配置内涵是参与权、收入权和保障权之间在企业内部如何配置，为企业收入分配制度的改革提供了理论上的依据。

（3）首次实证测度了中国企业劳动者获得的劳动收入的偏离程度。正面回答了劳动者是否获得了"公平"的劳动收入，为这一领域的研究提供了微观数据支撑。并通过构建考虑政府部门的中国企业要素收入分配的Translog生产函数模型，对企业要素收入分配进行模拟比较，进一步检验了权利配置对要素收入分配的影响，为后续的研究提供一种全新的思路。

目 录

第1章 导 论 1
  1.1 选题背景与研究意义 1
    1.1.1 选题背景 1
    1.1.2 研究意义 3
  1.2 概念和术语 5
  1.3 研究思路、主要内容及研究方法 6
    1.3.1 研究思路 6
    1.3.2 主要内容 7
    1.3.3 研究方法 11
  1.4 本书的创新 12

第2章 文献综述 13
  2.1 关于要素收入分配的测算 13
    2.1.1 围绕卡尔多特征事实的测算 13
    2.1.2 关于中国要素收入分配的测算 16
  2.2 关于要素收入分配变化的解释 19
    2.2.1 国外研究 19
    2.2.2 国内研究 22
  2.3 关于要素收入分配的政策建议 24
    2.3.1 从政府角度分析提出政策建议 25
    2.3.2 从产业结构角度分析提出政策建议 26
    2.3.3 从其他角度分析提出政策建议 27
  2.4 马克思的要素收入分配思想 29
    2.4.1 马克思的按劳分配理论 29

2.4.2 价值创造与价值分配 ……………………………………… 31
2.5 本章小结 …………………………………………………………… 33

第3章 权利配置影响企业要素收入分配的理论基础 …………………… 34

3.1 新古典主义的要素收入分配决定论 ……………………………… 34
    3.1.1 假设条件和完美均衡结果 ………………………………… 35
    3.1.2 新古典主义要素收入分配的影响因素 …………………… 37
    3.1.3 新古典主义要素收入分配决定论的再思考 ……………… 39
3.2 权利配置影响企业要素收入分配的理论溯源和分析层次 ……… 41
    3.2.1 权利配置理论溯源 ………………………………………… 41
    3.2.2 权利配置理论的假设和分析层次 ………………………… 44
3.3 权利配置影响企业要素收入分配的分析框架 …………………… 46
    3.3.1 权利配置的分析维度 ……………………………………… 46
    3.3.2 权利配置发挥的作用机制分析 …………………………… 48
    3.3.3 不同权利配置下的要素收入分配格局 …………………… 50
3.4 本章小结 …………………………………………………………… 53

第4章 中国企业要素收入分配的测算 …………………………………… 54

4.1 数据的来源与处理 ………………………………………………… 54
    4.1.1 数据来源 …………………………………………………… 54
    4.1.2 数据处理 …………………………………………………… 55
4.2 企业要素收入分配的层次与测算方法 …………………………… 58
    4.2.1 要素收入分配的层次 ……………………………………… 58
    4.2.2 要素收入分配的测算方法 ………………………………… 60
4.3 企业要素收入分配的测算及趋势分析 …………………………… 63
    4.3.1 要素收入分配的整体变迁与分析 ………………………… 63
    4.3.2 不同行业性质的要素收入分配变迁与分析 ……………… 66
    4.3.3 不同规模的要素收入分配变迁与分析 …………………… 70
    4.3.4 不同所有权性质的要素收入分配变迁与分析 …………… 72
    4.3.5 不同地区的要素收入分配变迁与分析 …………………… 75
4.4 关于中国企业要素收入分配变迁的总结 ………………………… 77
4.5 本章小结 …………………………………………………………… 78

第5章 权利配置影响企业要素收入分配的实证分析 ·············· 79
5.1 权利配置影响企业要素收入分配的测度模型及估计方法 ········· 79
5.2 研究设计 ····················· 86
5.2.1 数据来源与样本选择 ················ 86
5.2.2 数据处理 ····················· 87
5.2.3 指标选取与统计性描述 ··············· 88
5.3 权利配置影响企业要素收入分配的效应分析 ··········· 91
5.3.1 劳动收入影响因素的计量检验 ············· 91
5.3.2 权利配置影响企业要素收入分配的总体效应估计与分析 ··· 93
5.3.3 权利配置影响企业要素收入分配的单边效应估计与分析 ··· 97
5.4 本章小结 ······················ 102

第6章 权利配置影响企业要素收入分配占比变动的效果评估 ·········· 103
6.1 数据说明与计量模型构建 ················· 103
6.2 变量定义与统计性描述 ·················· 105
6.2.1 变量的选取 ····················· 105
6.2.2 统计性描述 ····················· 108
6.3 权利配置影响企业要素收入分配占比的实证分析 ········· 109
6.3.1 回归结果与分析 ··················· 110
6.3.2 进一步的稳健性检验 ················ 111
6.4 权利配置对企业要素收入分配占比影响的解释程度 ········ 112
6.4.1 基于回归方程方差分解的评述 ············ 112
6.4.2 权利配置对要素收入分配占比的总体贡献度 ······· 113
6.4.3 权利配置对要素收入分配占比贡献度的动态变化 ······ 116
6.4.4 进一步分析与实证结果的说明 ············ 120
6.5 本章小结 ······················ 123

第7章 基于Translog生产函数的中国企业要素收入分配实证比较 ········ 124
7.1 一个关于企业增长和收入分配的模型构建 ············ 125
7.1.1 Translog生产函数模型的一般形式 ·········· 127
7.1.2 考虑政府部门的中国企业要素收入分配Translog生产函数

模型 ………………………………………………………………… 128
　　7.1.3　重要经济指标的计算及其经济含义 ……………………… 129
7.2　基于 Translog 生产函数的企业要素收入分配计量检验 ………… 133
　　7.2.1　数据来源与计量模型设定 ………………………………… 133
　　7.2.2　变量选取与基本统计性描述 ……………………………… 134
　　7.2.3　统计指标说明 ……………………………………………… 138
　　7.2.4　参数估计结果及其分析 …………………………………… 138
7.3　企业要素收入分配的实证模拟比较 ……………………………… 140
7.4　权利配置对实证模拟比较结果的解释 …………………………… 142
7.5　本章小结 …………………………………………………………… 144

第8章　通过权利配置改革企业要素收入分配的政策建议 ………… 145
8.1　权利配置改革的原则、指导思想 ………………………………… 145
　　8.1.1　权利配置改革的原则 ……………………………………… 145
　　8.1.2　权利配置改革的指导思想 ………………………………… 146
8.2　权利配置改革企业要素收入分配的路径 ………………………… 147
　　8.2.1　以平等的参与权实现起点公平 …………………………… 147
　　8.2.2　以共享的收入权实现过程公平 …………………………… 149
　　8.2.3　以充分的保障权实现结果公平 …………………………… 150
8.3　国有企业要素收入分配制度改革的进一步完善 ………………… 151
　　8.3.1　国有企业的分类 …………………………………………… 151
　　8.3.2　改革的重点及相关建议 …………………………………… 152
8.4　本章小结 …………………………………………………………… 155

第9章　结论及展望 …………………………………………………… 156

参考文献 ……………………………………………………………… 161

第1章 导 论

1.1 选题背景与研究意义

1.1.1 选题背景

"有国有家者,不患寡而患不均,不患贫而患不安,盖均无贫,和无寡,安无倾。"① 收入分配问题自古备受关注,其中涉及的公平正义问题不仅是人类的基本道德问题,更是制度和秩序问题,事关经济发展、民生改善与社会稳定。改革开放以来,中国经济取得了突飞猛进的发展,人民生活水平日益提高,然而在创造经济发展"中国奇迹"的同时,中国的收入分配问题却变得日趋严重,引起了国际组织、学术界、政府机构、社会公众的广泛关注(吕冰洋和郭庆旺,2012;李稻葵等,2009;白重恩和钱震杰,2009a;World Bank,2010;Gustafsson 等,2008;国家发改委课题组,2012)。党的十九大报告也指出,增进民生福祉是发展的根本目的。

我国的收入分配大体可以概括为两个方面的主要问题:一是改革开放以来,中国居民收入差距不断扩大,严重制约了经济的长期健康可持续发展。居民收入差距适当拉大,在一定程度上可以有效激励经济主体,并在鼓励努力工作、鼓励承担风险和诱导投资等方面发挥积极的作用,从而有效提高经济运行效率,但是居民收入差距过大却会引起社会动荡,制约经济的未来发展。根据国家统计局公布数据,中国基尼系数 2000 年首次超过 0.4 的国家警戒线,达到 0.412,2013 年已经提高到 0.473,逼近 0.5 的两极分化点。高收入者收入太高,而低收入者

---

① 杨伯俊. 论语译注 [M]. 北京:中华书局,2007:195.

收入过低,这是居民收入差距问题的内在含义(韩雷,2012)。应该看到,劳动收入是低收入者的主要收入来源,而收入差距不断扩大的重要原因则主要在于要素收入分配向资本要素的方向倾斜(郭庆旺和吕冰洋;2012),这更是收入分配不公平的潜在原因(Atkinson,2000)。二是劳动收入在中国要素收入分配格局中占比较低。近年来,中国劳动收入占比持续下降,已从20世纪90年代中期超过50%下降到2012年的38.5%。与此同时,资本收入份额却从30%左右上升到了接近50%,反观西方国家,劳动收入占比一直维持在60%左右,且较为稳定,如图1.1所示。"资强劳弱"似乎早已成为无可辩驳的事实,由此带来了诸如社会不公、劳资矛盾加剧等一系列社会问题。从中国收入分配的两个主要问题来看,要素收入分配逐渐向资本倾斜,而劳动收入占比逐渐下降且较低,这是产生中国收入分配问题的重要原因,要素收入分配是研究中国收入分配问题的关键。

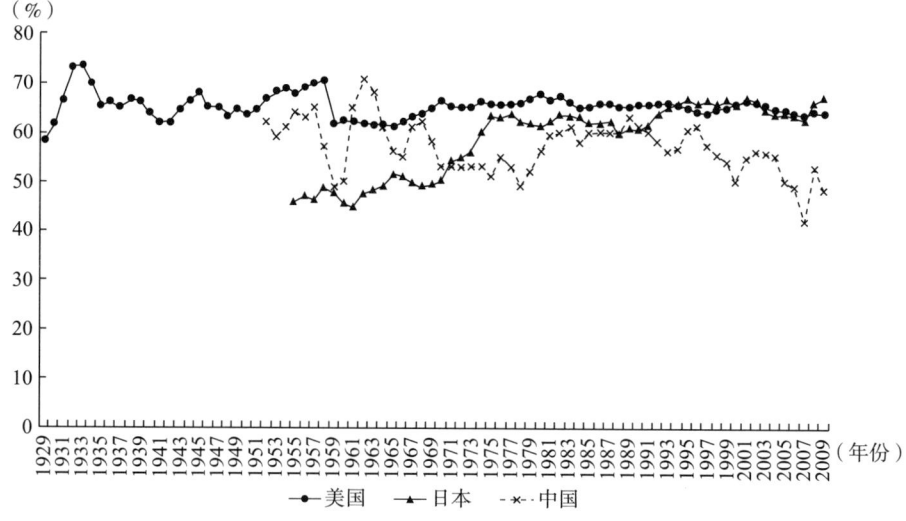

图1.1　1929~2009年中国、美国、日本劳动要素收入占比变化

数据来源:美国数据来源于 www.bea.gov.com;日本数据来源于 www.esri.cao.go.jp。

研究中国的要素收入分配问题具有非常重要的理论和现实意义。长期以来,国内学者主要关注对居民收入分配的研究(李实和罗楚亮,2007;万广华等,2005),而忽视对要素收入分配的研究,要素收入分配通常被概括为典型的"卡尔多事实"。20世纪90年代以来,劳动收入占比下降,资本收入占比逐年上升(蔡昉,2005;Bai等,2006;白重恩和钱震杰,2009b),越来越多的学者开始重视对要素收入分配的研究（张杰等，2012；罗长远和张军，2009），试图从一个崭新的视角来寻找解决我国收入分配问题的根源。在这种背景下，《国务院批转发展改革委等部门关于深化收入分配制度改革若干意见的通知》明确提出，"初次分配要注重效率，创造机会公平的竞争环境，维护劳动收入的主体地位"。显然，企业是收入分配的微观主体（刘长庚等，2006），企业内的要素收入分配问题不仅直接影响员工工作的积极性和企业价值的创造，而且是收入分配制度改革的重要组成部分。在当前环境下，分析企业要素收入分配问题显得尤为迫切，具有非常重要的现实意义。

权利配置是研究中国要素收入分配的重要角度。将新古典经济理论直接引入中国的收入分配问题，不可避免地会产生两个问题：一是在新古典经济理论中，一个国家的要素收入占比符合"卡尔多事实"，即为恒定的常数，这与近年来中国劳动收入占比不断下降，资本收入占比显著提升的事实相违背。二是大多数西方国家的劳动收入占比都在60%左右，且长期保持不变，而中国劳动收入占比不仅低于大多数西方国家，且要素收入分配逐渐向资本倾斜。以上两个问题有益于理解中国收入分配问题，单纯依靠市场并不能完全解决要素的合理分配，这体现了学术界长期以来对"卡尔多事实"的怀疑。美国劳动收入占比的长期稳定表现也与中国的劳动收入占比变动形成了鲜明的对比，这表明产业转型、垄断等问题并非是导致要素收入分配变动的根本原因。本书试图从权利配置视角找到解开中国要素收入分配，尤其是中国企业要素收入分配问题的答案。从理论角度来分析，收入分配问题本身是权利配置问题。在企业框架内，企业内部的权利配置转化为各种收入模式，对要素形成了不同的激励，决定了企业内各种要素的收入（刘长庚等，2014）。从权利配置视角研究企业的要素收入分配问题是一个更加直接的方法。从现实角度来分析，企业内部收入分配的不平等问题很大程度上是由于员工或劳动者被剥夺了本应享有的一些权利造成的，企业内部权利配置不当正是分析当前中国企业要素收入分配的基本框架（刘长庚等，2013）。

基于此，本书试图解决的核心问题如下：权利配置如何影响企业内部的要素收入分配？中国企业要素收入分配的现状和趋势如何？员工是否获得了公平的劳动收入？权利配置在多大程度上影响了企业要素收入分配？这些问题都需要基于合理的理论和科学的研究方法来给出明确的答案，这也正是本书的研究主旨。

1.1.2 研究意义

改革开放以来，对"何因素导致了要素收入分配逐步向资本倾斜？"这一问题的探寻是促成本书以"企业要素收入分配"为题的原始驱动力。在梳理现有研究的基础上（Kaldor，1955；Harrison，2002；Hicks，1932；罗楚亮和李实，2007），既有研究大多以宏观经济数据为基础，而来自企业微观层面的证据较少，因此遗留了诸多难以用总量来解答的论题。本书首次对中国企业的要素收入分配展开系统研究，通过对中国企业要素收入分配的测算，深入探讨了其趋势变化及原因，并基于一个崭新的研究视角——权利配置，为解决中国收入分配制度改革寻找理论依据。本书对中国收入分配的理论探讨、经验研究和政策制定等方面都具有非常重要的意义。本书的理论研究意义大体可以概括为以下三个方面：

第一，继承和发展了马克思的按劳分配理论。本书在马克思主义收入分配理论的基础上，结合了新制度经济学、新古典经济学的相关理论，并根据当前中国企业和经济发展的新特点和新情况，提出了以权利配置为微观基础的企业要素收入分配的理论基础，强调在改革企业内部收入分配问题时，应赋予员工更多权利，从根本上改善劳资关系，这与马克思主义经济学一脉相承，对马克思主义的收入分配理论进行了继承和发展。

第二，有助于构建以权利配置为微观基础的企业要素收入分配决定理论。很多研究都注意到了制度在收入分配中的重要作用，在企业和员工签订的各种合约和构建的各种治理模式的背后，权利配置发挥了极为重要的作用，企业内部收入分配的不平等问题很大程度上是由于劳动者本应享有的一些权利被剥夺而造成的，企业的收入分配问题的实质就应转变为企业作为一个整体，其内部权利应该如何分配，即权利配置问题。基于权利配置视角，对企业要素收入分配进行系统分析，这将有助于寻找产生中国收入分配问题的真正答案，是对中国要素收入分配研究领域的一个重要的补充。

第三，构建了实现公正分配的微观基础。在批判和吸纳现有理论的基础上，本书另辟蹊径，基于权利配置的微观视角研究要素收入分配问题。企业内各种要素的收入分配是通过权利配置实现的，对于企业而言，占有收益的分配方式之一就是使自身拥有较强的权利配置，并尽可能压低员工的工资，从而达到攫取劳动者剩余和降低生产成本的目的。本书认为，由于企业内部权利配置不平等，最终形成了要素收入分配倾向于资本的分配格局。通过选择从权利配置视角来研究企业要素收入分配问题，本书以期可以构建实现公正分配的微观基础。

本书的实际研究意义具体可以概括为以下三个方面：

第一，有助于了解中国企业要素收入分配的现状及趋势。就目前而言，对中国收入分配的研究基本集中在居民个人之间的分配层面，但对要素收入分配的研究较少。从中国的实际情况来看，我国资本市场发展并不完善，居民收入来源相对单一，因此收入分配的变化更多地反映了要素分配关系的变化。本书以微观大企业数据为基础，克服了现有研究大多利用宏观层面数据的不足，系统测算了企业要素收入分配的格局，对中国企业要素收入分配的现状及趋势有了一个较为清晰的认识，并为从要素收入分配角度解决中国收入分配问题提供了一个崭新的视角。

第二，有助于指导各类型企业的收入分配制度改革。从权利配置视角对中国各类型企业的要素收入分配进行实证分析，得到的经验分析结果可以用于指导各类企业内部的收入分配制度改革。总体来看，权利配置是不同企业内部产生收入分配问题的重要原因。通过对不同类型企业的权利配置进行分析，结合不同类型企业的实际情况，能够为企业的收入分配制度改革提供有益指导。

第三，有助于为中国收入分配相关政策的制定提供借鉴。通过对中国企业要素收入分配的系统研究，对中国企业要素收入分配现状和趋势有了较为全面和清晰的认识，在相关理论的基础上，实证检验了权利配置对企业要素收入分配的重要作用。理论分析和实证检验的结果能够为未来制定政策提供依据，在收入分配相关政策的"落地"方面为政策制定者提供参考和借鉴。

1.2 概念和术语

收入分配是指一个社会在一个特定时期所创造出的社会财富在广大社会群体中按照一定的方式、制度和规则所进行分配的一种经济活动。通常来讲，收入分配主要包括两个层次，即规模性收入分配（Size Distribution of Income）和功能性收入分配（Functional Distribution of Income）。规模收入分配又称为个人或居民收入分配，主要研究总收入中家庭或个人的占比多少，其是从个人获得的收入中收入所得者规模占比的角度来研究收入分配问题。周云波和覃晏（2008）指出，规模收入分配主要回答的是个人或家庭的具体分配情况，这是微观概念上的分配。在研究收入分配时，现有研究主要侧重规模性收入分配，主要探讨在经济发展过程中居民个人或家庭的收入分配如何变动，受到什么因素影响，以及各因素对收入差距的变动影响多大等。规模收入分配问题主要侧重于微观层面，而收入差距与规模收入分配密切相关（李实等，2007；周云波和覃晏，2008）。收入差距是指各个经济主体(家庭或个人)获得收入占总收入的比值差异程度,包含不均等程度的内涵。

功能性收入分配又称为要素收入分配,它主要从要素获得的收入与要素投入之间的关系角度来研究收入分配问题。在宏观概念上,功能性收入分配是指要素收入分配占比各是多少(郭庆旺和吕冰洋,2012)。功能性收入分配实际是一个由来已久的概念,早期古典经济学家更为关注的就是规模性收入分配,也就是国民收入如何在劳动、土地和资本之间进行分配。大卫·李嘉图(David Ricardo)在其1821年出版的《政治经济学及税赋原理》中首次引入了这一概念,随后成为古典经济重点讨论的问题之一。随着对这一问题的深入研究,后来产生了按收入法核算的GDP,对国民收入的核算方式产生了重要的影响。功能性收入分配强调的是生产要素间的分配问题,中国很多学者也对要素分配进行了研究,比较具有代表性的包括李稻葵等(2009)、郭庆旺和吕冰洋(2012)、白重恩和钱震杰(2009a;2009b),研究的焦点在于劳动、资本和政府收入之间的关系,而劳动要素与资本要素之间的此消彼长问题更是研究的重点。

功能性收入分配往往决定了规模性收入分配,要素的分布格局必然决定最终的收入规模格局。Atkinson(2000)指出,研究收入分配问题不能局限在规模性收入分配上,还要探讨功能性收入分配。虽然个体收入既可以来源于财产收入,又可以来源于劳动收入,但是对于收入分布较低的个体而言,收入的主要来源是劳动收入,因而规模收入分配势必会对常见的收入分配问题产生影响。规模性收入分配领域长期受学者重视,大多学者重视对规模性收入分配领域的研究,论证结果虽然表明我国的收入分配近些年日趋不平等(Li等,2006),但仍鲜有研究从规模性收入分配角度对这一问题进行深入探究(钱震杰,2011),有必要从功能性收入分配着手,弥补现有研究的不足。本书的研究重点在于企业的功能性收入分配问题,也就是深入研究企业内部各种要素的分配状况、影响因素及变动趋势等。

1.3 研究思路、主要内容及研究方法

1.3.1 研究思路

本书尝试从权利配置视角为中国企业要素收入分配问题寻找解释,这对调整

收入分配格局，建立公平分配的收入分配制度，进一步完善社会主义市场经济体制都具有重要的意义。本书沿着"提出问题—理论框架构建—现状分析—实证检验—政策建议"的思路展开研究。

本书首先对要素收入分配测算的相关文献综述、收入变化解释、政策建议的相关文献综述和马克思的要素收入分配思想进行归纳和总结，这是本书展开研究的基础。在此基础上，通过对相关理论的借鉴和总结，本书提出了权利配置影响企业要素收入分配的理论基础。其次，本书利用中国企业层面的大型微观数据，从整体、行业、规模、所有权性质等方面系统测算了中国企业要素收入分配的变迁，使我们能够对中国企业要素收入分配格局有一个全面而清晰的认识。再次，在理论分析的基础上，本书利用中国工业企业数据库，采用极大似然估计法（MLE）、方差分解、Translog生产函数模拟等方法实证检验了权利配置对企业要素收入分配问题的影响，实际测度了权利配置对企业要素收入分配的影响程度。最后，根据理论分析和经验分析的结论，本书结合中国收入分配的实际情况，从权利配置视角提出了具有针对性的政策建议。

1.3.2 主要内容

本书强调以中国企业要素收入分配的实际状况为依据，从宏观总论再到微观透析，逐步建立了权利配置影响企业要素收入分配的理论基础，通过科学的计量方法对权利配置与企业要素收入分配的关系进行实证检验，深入探析企业内部的要素收入分配问题，并为相关政策的制定提供合理的借鉴和依据。本书主要研究内容安排如下。

第1章导论。介绍本书的选题背景和研究意义，并对收入分配、规模性收入分配和功能性收入分配进行科学的界定。通过对要素收入分配对收入分配重要性的阐述，本书指出权利配置是研究中国（企业）要素收入分配问题的关键切入点。本章为本书的研究背景。

第2章文献综述。主要对相关文献进行梳理和总结，具体可以划分为四个方面的内容：一是关于要素收入分配测算的文献综述，包括围绕卡尔多事实的测算和关于中国要素收入分配的测算两方面。二是关于要素收入分配变动解释的文献综述，包括国外研究和国内研究。三是关于要素收入分配的政策建议，包括对从政府角度、产业结构角度和其他角度三个方面提出的政策建议进行了梳理。四是马克思的要素收入分配思想，主要对马克思主义的要素收入分配理论进行回顾和归纳。当前研究的趋势和问题大致可以概括为以下三点：一是现有研究大多以宏观数据为基础,需要来自微观企业层面的证据。二是新古典主义的收入分配理论盛行,通常将收入分配的成因归于产业转型、垄断、市场等因素,但是总体解释力度不强。三是制度可能是解释收入分配成因提供一种研究思路,但是权利配置是制度背后的主要变量,基于权利配置视角研究企业要素收入分配的研究仍是空白。本章为后续研究工作提供了文献基础。

第3章权利配置影响企业要素收入分配的理论基础。本书在此章重新分析了新古典的要素收入分配决定论,其弊病在于利用劳动供求下的价格机制,而新古典经济学中的企业却又仅是负责投入—产出的"黑匣子",并不能直接用新古典的要素收入分配理论来研究企业内的要素收入分配问题,权利配置成为研究企业要素收入分配更优选择。本章包括四个方面内容:一是新古典要素收入分配的决定论,对新古典要素收入分配的假设条件与均衡、影响因素以及缺点进行了深入的分析。二是权利配置影响企业要素收入分配的溯源和分析层次,对权利配置理论的溯源、研究假设、分析层次进行了阐述。三是权利配置影响企业要素收入分配的分析框架,提出了以参与权、收入权和保障权为基础的企业要素收入分配的权利配置理论,详细地阐述了权利配置影响企业要素收入分配的作用机制,并对不同权利配置下的要素收入分配格局进行分析。本章为本书的理论基础。

第4章中国企业要素收入分配的测算。本章基于1998~2007年中国工业企业数据库,对样本企业的要素收入分配进行测算。本章包括四个方面内容:一是测算要素收入分配的数据来源。二是企业要素收入分配的层次与测算方法,主要将要素收入分配分为劳动、资本和政府三个层次。三是企业要素收入分配的测算及趋势,从整体、行业性质、规模、所有权性质、地区进行分类测算企业要素收入分配的趋势并进行细致的分析和探讨。四是关于中国企业要素收入分配变迁的总结与分析。通过对企业要素收入分配的系统测算,本书发现中西部地区的大型垄断国有企业的要素收入分配更倾向于资本方。本章提供了本书的现状依据。

第5章权利配置影响企业要素收入分配的实证分析。正面回答了"劳动者是否获得了'公平'的劳动收入"。从劳动者获得的劳动收入出发,构建了一个权利配置影响企业要素收入分配的双边随机前沿分析模型,基于中国工业企业数据库,利用最大似然估计法实证测度并检验了权利配置对劳动收入偏离的影响。本章包括三个方面内容:一是权利配置影响企业要素收入分配的测度模型及估计方法。二是研究设计,介绍数据来源、数据处理、指标选取与统计性描述。三是权利配置影响企业要素收入分配的效应分析,包括劳动收入影响因素的计量检验、总体效应估计与分析和单边效应估计与分析。其中，总体效应估计是在回归模型的基础上进行方差分解，度量权利配置企业内部的分配；单边效应估计是从是否有工会、是否有保险、行业性质、所有权性质等方面对权利配置影响劳动收入进行深入考察。研究发现：一是权利配置对员工获得的劳动收入具有重要影响，并使员工获得的劳动收入偏离"公平"的劳动收入。二是权利配置使员工在获得劳动收入的过程中普遍处于弱势地位，且具有明显的异质性。三是权利配置导致国有企业员工获得了更低的预期剩余，国有企业的内部收入分配制度亟须完善。

第6章权利配置影响企业要素收入分配占比变动的效果评估。本书基于中国工业企业数据库，通过实证分析和方差分解，重点回答了"权利配置在多大程度上影响企业要素收入分配占比的变动"这一基本问题。本章主要包括四个方面内容：一是数据说明与计量模型构建；二是变量定义与统计性描述；三是权利配置影响企业要素收入分配占比的实证分析，回归分析权利配置各因素对企业要素收入分配的影响；四是权利配置对企业要素收入分配占比影响的解释程度，在实证分析的基础上，通过利用相应的分解方法进行方差分解，测度权利配置在多大程度上影响了企业内部要素收入分配占比的变化。研究发现：一是权利配置对企业内部资本收入影响的程度从高到低依次为收入权、保障权、参与权；二是收入权中的全要素生产率和企业规模是影响资本收入的主要因素；三是民营企业近些年的快速发展和国有企业利润上缴方式成为企业规模影响要素收入分配背后的重要原因。

第7章基于Translog生产函数的中国企业要素收入分配实证比较。本章基于Translog生产函数，建立了一个关于中国企业增长和收入分配的模型，对中国企业要素收入分配占比进行重新模拟，并与中国企业要素收入分配占比的历史演进进行比较分析，将样本区间扩展到1998~2007年共计10年，对权利配置影响企业内部劳资关系进行稳健性检验。本章主要包括四个方面内容：一是一个关于企业增长和收入分配的模型构建，首次构建考虑政府部门的中国企业要素收入分配的Translog生产函数模型。二是基于Translog生产函数的企业要素收入分配计量检验。三是企业要素收入分配的实证模拟比较。四是权利配置对实证模拟比较结果的解释。研究发现：一是模拟—真实的企业内部要素收入占比变动趋势的一致性表明中国企业要素收入分配确实存在劳动要素收入占比不断降低，而资本要素收入占比逐年提高的现象。二是在中国企业内部，劳动要素越来越无法替代资本要素。三是改善企业内部收入分配问题的重点仍然在于不断提高劳动者的收入权。

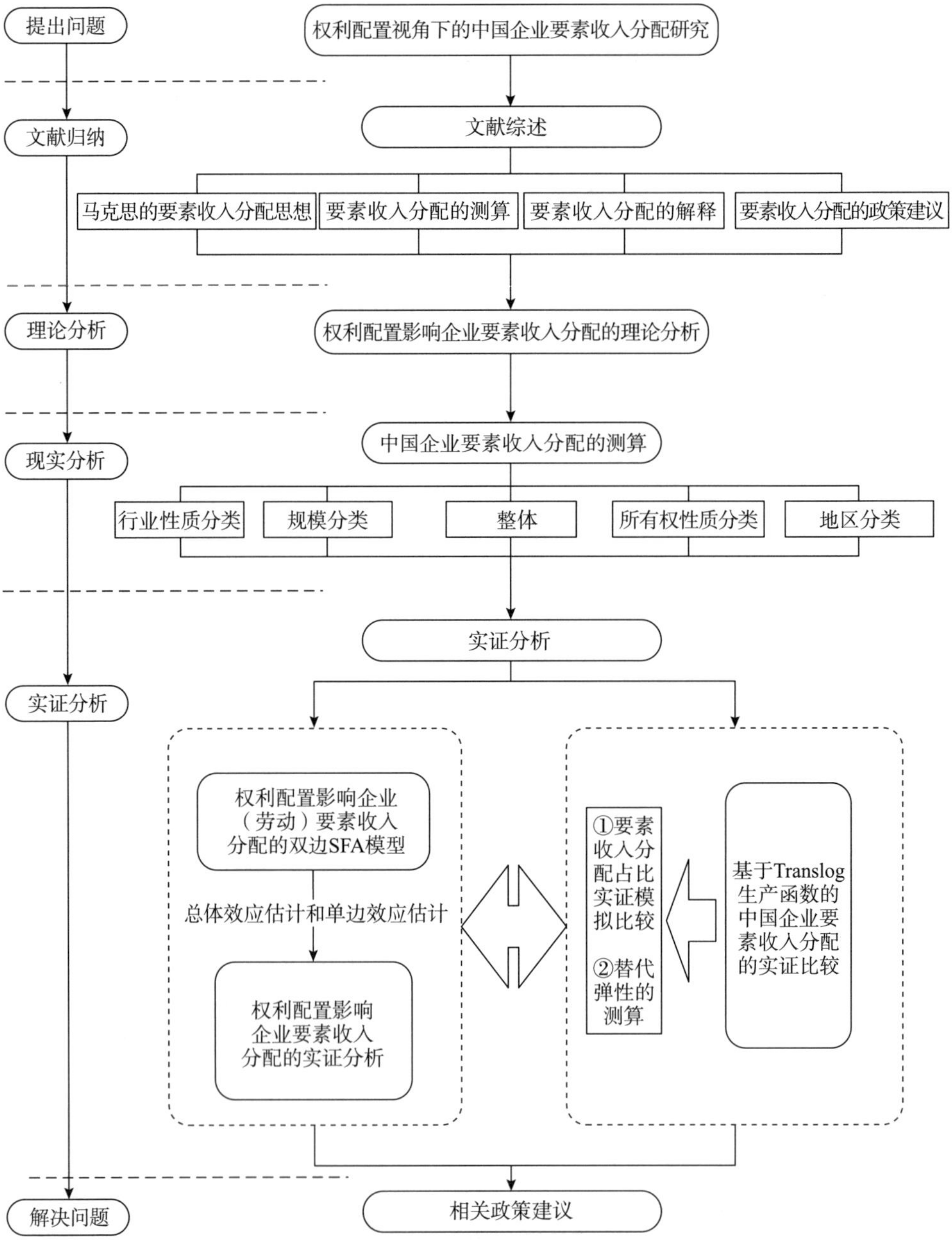

图 1.2 本书的总体框架

第8章通过权利配置改革企业要素收入分配的政策建议。通过对前文的主要结论加以梳理和总结，本书从权利配置视角提出了促进建立和谐劳资关系和进一步完善企业要素收入分配制度改革的相关政策建议。本章包括以下四个方面内容：一是权利配置改革的原则、指导思想。二是权利配置改革企业要素收入分配的路径，以平等的参与权实现起点公平，以共享的收入权实现过程公平，以充分的保障权实现结果公平。三是对国有企业收入分配制度改革的进一步完善。本书将国有企业划分为垄断性国有企业和竞争性国有企业，而国有企业改革的对象应是大型垄断性国有企业，国有企业改革的重点在于国有资本经营预算与利润共享机制。

1.3.3 研究方法

本书主要采用如下研究方法：

（1）历史唯物主义分析方法。本书使用的根本方法是马克思主义历史唯物主义分析方法——对于社会主义初级阶段所面临的现实问题和理论问题，要求因地制宜、实事求是地研究。本书在理论基础的撰写过程中，遵循了历史唯物主义的分析方法，实事求是地将权利配置用于分析中国企业要素收入分配问题。在对企业要素收入格局的测算、实证研究等方面，本书侧重于数据分析，实事求是地摆出事实，讲出道理。

（2）实证分析和规范分析相结合的方法。经济学是社会学中最接近自然科学的学科，其适合在理论分析的基础上借助各种数学工具来进行定量分析，从而通过实证方法对理论分析进行科学、规范的检验。在权利配置影响企业要素收入分配理论的基础上，基于大型微观企业数据库，使用规范的实证方法对相应的理论进行检验。同时，本书还对实证结果进行了规范性分析，并提出了切实可行的政策建议，为相关研究提供了借鉴。

（3）理论分析。理论分析是本书研究的主要内容，通过对相关文献的梳理，本书提出了权利配置影响企业要素收入分配的理论基础，并对权利配置的内涵进行了详细的阐述，借用了新古典经济学、马克思主义经济学和新制度经济学等有关收入分配的理论。

（4）演化分析和历史比较分析。本书回顾收入分配相关理论的时候用到了演化分析方法。利用中国工业企业数据库，本书测算了中国企业1998～2007年的要素收入分配的变迁，同时对不同行业、所有权、规模的企业要素收入分配进行测算，并对计算的结果进行细致的分析，在这里用到了历史比较分析的方法。

1.4 本书的创新

改革开放以来,中国增长奇迹带来中国综合国力显著增强、人民生活水平显著提高的同时,也带来了越来越多的收入分配问题。GDP这块"蛋糕"变大的同时该如何分配?经济增长带来的好处能否惠及穷人?诸如此类的问题引起越来越多人的关注。更加令人担忧的是,从近十年的总体趋势来看,衡量中国收入分配的指标还在恶化,收入分配秩序混乱、居民消费乏力、通货膨胀严重等一系列问题正在加剧,只有厘清中国收入分配的发展机理方可"对症"下药,提出切实可行的政策建议。企业是收入分配的主体,从企业要素收入分配着手,从权利配置视角出发,有助于合理阐释中国收入分配问题的内在产生逻辑。与既有研究相比,本书的主要创新之处可以总结为以下三点:

第一,首次利用大型企业层面微观数据对中国企业要素收入分配进行全面系统测算。本书全面考察了中国企业要素收入分配的动态变迁,对中国企业要素收入分配的演化有了较为清晰而全面的认识,为这一领域的研究提供微观层面证据,同时将政府部门纳入要素分配范畴,将劳动、资本、政府部门(税)三者的关系统一到要素收入分配的研究框架之中,更加符合中国的实际情况。

第二,权利配置影响企业要素收入分配的分析框架为相关研究提供了一个崭新的视角。在马克思主义、新制度经济学和新古典经济理论的基础上,构建了权利配置影响要素收入分配的分析理论。权利配置内涵是参与权、收入权和保障权之间在企业内部如何配置,劳资矛盾背后真正的原因在于企业内部权利配置的不平等,导致收入分配天然倾向资本方,这为企业收入分配制度的改革提供了理论依据。

第三,首次实证测度了中国企业员工获得的劳动收入的偏离程度。基于大型微观企业数据库,本书正面回答了劳动者到底是否获得了"公平"的劳动收入,为这一领域的研究提供了微观数据支撑。同时,通过构建考虑政府部门的中国企业要素收入分配的Translog生产函数模型,对企业要素收入分配进行模拟比较,进一步检验权利配置对要素收入分配的影响。本书使用的实证方法也为后续的研究提供了一种全新的思路。

第 2 章 文献综述

目前,国内外学者对要素收入分配的研究成果虽然大多集中在宏观层面,但可供借鉴成果颇多,这为本书的研究提供了较好的基础。遵循从理论到现实,最后再提出政策建议的思路,对文献综述进行自上而下的展开。具体而言,本章首先对关于要素收入分配测算的相关文献进行梳理,不仅围绕测算方法进行展开,而且对不同文献的测度结果进行记录。其次,对现实的具体原因进行探索后,必须对事实进行深入的分析,本书对解释要素收入分配变动的相关文献进行回顾。再次,对要素收入分配政策建议涉及的相关文献进行了梳理。最后,承接第 3 章的理论基础,对马克思的要素收入分配思想进行了详细的回顾。当然,在对相关研究进行梳理和回顾的过程中,本书也对相应的文献进行了评述和总结。

2.1 关于要素收入分配的测算

在对收入分配理论进行研究的基础上,国内外学者开始回归现实,逐渐重视要素的收入分配格局变动。这一部分的文献综述主要是基于经验研究,测算要素收入分配中劳动和资本具体的占比和演变情况。从文献来看,国内外研究关于要素收入分配测算的方法不尽相同,结论也多种多样,但是对于研究中国的要素收入分配格局仍具有重要的借鉴意义。

2.1.1 围绕卡尔多特征事实的测算

卡尔多(1955)指出,在新古典框架下,要素收入分配占比在历史上保持常数是一个事实,使我们比以前任何时候都更需要一个理论来解释这个常数。任何一个关于要素收入分配的模型都必须解释要素收入分配占比为常数这一事实。卡尔多所概括的关于"要素收入分配占比长时间内大体稳定"的论断就是"卡尔多典型事实"之一。① 围绕卡尔多事实的争论尽管从未停止,但是学术界就卡尔多事实到底是否存在却始终没有达成共识。

20世纪60年代以前,要素收入分配长时间大体保持稳定观点几乎占统治地位,这主要是由于相关研究都是在经验分析的基础上得出的,也正是由于现实表明要素收入分配占比长期保持不变,导致这一时期对要素收入分配的研究并未得到足够的重视(Solow,1958)。对于要素收入分配占比的计算,李嘉图认为要按照收入法计算国民收入(National Income),但是由于相关研究的滞后,致使20世纪初才出现对国民收入统计的相关研究。Bowley(1920)对1980~1913年英国的国民收入进行了估算;King(1915)、King等(1930)对1902~1928年美国的国民收入进行了估算;Clark(1932)对1924~1931年英国的国民收入进行了测算;诺贝尔经济学奖获得者Kuznets(1937)对1919~1935年美国的国民收入进行了核算。在以上这些学者关于英国、美国两个国家的国民收入估算结果的基础上,开始陆续有学者对要素收入分配的占比进行测算。Keynes(1936)利用上述关于国民收入的计算结果,计算美国1919~1934年的劳动收入占比为35%~40%,英国1924~1935年的非熟练劳动力的劳动收入占比为40%~44%。Kalecki(1938)在利用以上关于国民收入估计结果的基础上,对英国和美国非熟练劳动力的劳动收入占比进行了测算。利用Bowly(1920)的结果,他测算的英国1980~1913年非熟练劳动力的劳动收入占比为39.3%~43.5%;利用Clark(1932)的结果,他测算的英国1924~1931年非熟练劳动力的劳动收入占比为36.5%~38.2%;利用King(1915)、King等(1930)的结果,美国1909~1928年非熟练劳动力的劳动收入占比为32.4%~33.7%;利用Kuznets(1937)的估算结果,美国1929~1935年非熟练劳动力的劳动收入占比为39%~42%。显然,通过计算发现劳动收入占比在英国和美国很长时间都大体上保持很稳定的水平,这是一个既令人吃惊而又真实存在的事实(Keynes,1936)。随着美国商务部(United States Department of Commerce)1951年开始发布1929年以来收入法计算的国民收入的测算值,并定期对美国国民收入进行更新,因此逐渐开始有更多的学者对要素收入分配的占比进行研究。Johnson(1954)在美国商务部提供数据

---

① 其余五个"卡尔多典型特征"包括:每工时实际产出或人均实际产出在较长的时间内以连续不变的速度增长,即生产率稳速增长;人均资本存量以连续不变的速度增长;以名义利率扣除通货膨胀率而得到的实际利率大体上稳定不变;资本—产出比率大体上稳定不变,或产出和资本存量增长速率大致趋于相同;人均产出增长率在不同国家间具有很大差别。收入和利润份额较高的国家倾向于有较高的资本—产出比例。

的基础上，综合了 Matin（1939）对国民收入估算的结果，重新对美国劳动收入占比进行测算，通过比较 1900~1909 年和 1940~1949 年每一阶段的劳动收入占比平均值，发现劳动收入占比从 69.4% 上升到 75.2%，他认为劳动收入占比变动较小，基本上保持大体稳定，这主要是由于劳动者的谈判力提高和数据资料来源不一致而造成的差异。Klein 等（1961）、Dunlop（1950）等也做了类似的研究，结果都表明要素收入分配占比在一定时期内保持相对稳定。

随着内生增长理论的兴起和 20 世纪 60 年代开始的要素收入分配占比的演变，要素收入分配占比开始出现一些新的事实，许多国家的劳动收入占比开始呈现下降，甚至呈驼峰型的变动趋势（Harrison，2002；Bertoli 等，2007）。Burkhead（1953）的研究发现，要素收入分配占比只有在可支配收入下的国民收入中才较为稳定，而在初次分配中则并不稳定。Kuznets（1957）对德国、法国、英国、美国和瑞士的要素收入占比进行重新计算，结果对比表明，要素收入分配占比稳定不变并不成立。Slow（1958）也对"卡尔多特征"表示怀疑，通过计算总体要素收入分配占比相对于分行业要素收入分配占比的偏离程度（方差），结果表明要素收入分配占比是变化的。在 Slow（1958）的基础上，Gujarati（1969）利用美国制造业 1949~1964 年共计 25 年的数据计算了美国制造业的劳动收入占比，并通过回归分析测算劳动收入占比的变动程度，结果表明美国制造业的劳动收入占比在这一时期内呈整体下降趋势。Ferguson 等（1969）通过对美国制造业劳动收入占比进行测算，结果表明劳动收入占比在第二次世界大战以后开始明显下降。Damodar（1969）计算了美国 1949~1964 年的制造业部门与内部细分产业的劳动收入占比，证明了美国劳动收入占比呈整体下降趋势。Ruttan 等（1960）和 Lianos（1971）通过对美国农业部门的劳动收入占比进行研究也发现，劳动收入占比明显下降的事实。近期的研究也进一步表明，要素收入分配占比在一定时期内并非固定不变的，而是具有一定的趋势特征（Blanchard，1997；Harrison，2002）。Poterba（1997）通过对美国、英国、法国、德国、意大利、加拿大和日本等 G7 国家的劳动收入占比的测算，发现在 20 世纪八九十年代，意大利、德国和法国的劳动收入占比具有明显的下降趋势，而加拿大、英国和美国这三个国家的劳动收入占比却并不具有明显的波动性。Blanchard（1997）通过对 OECD 企业部门的要素收入占比进行测算发现，德国、法国、意大利和西班牙四个欧洲国家的资本收入占比呈明显上升的趋势，而美国、英国和加拿大则较为稳定。Hofman（2002）通过对近 50 年的拉丁美洲国家的要素收入占比份额的计算，表明劳动收入占比呈整体下降趋势。Bentolila 和 Saint Paul（2003）基于 OECD 的经济展望数据，计算了美国、英国、德国等 13 个 OECD 国家的要素收入占比变化，研究结果表明各国要素收入占比并不满足"卡尔多特征"，只有英国的劳动收入占比较为稳定。近期对欧美、发展中国家的研究表明，要素收入分配并非在中长期内是常数，Rodríguez 和 Ortega（2006）、Harrison（2002）、Giammarioli 等（2002）等的研究都表明了这一观点。

2.1.2 关于中国要素收入分配的测算

长期以来，国内学者主要关注居民收入分配不公的刻画、成因及对策（李实等，2007；万广华等，2005），集中在对居民收入分配层次的研究，而忽视对要素收入分配层次的研究。20 世纪 90 年代以来，劳动要素收入份额下降，资本收入份额逐年上升已成为无可争议的事实（蔡昉，2005；Bai 等，2006；李稻葵等，2009；国家发改委课题组，2012），随着国外对这一问题研究的深入，国内越来越多的学者开始对要素收入分配进行研究（罗长远等，2009；白重恩等，2009b；钱震杰，2011；张杰等，2012），试图从崭新的视角寻找导致中国收入分配不断恶化的"根源"。中国的要素收入分配的测算大致可以分为两个阶段，第一个阶段是 20 世纪 80 年代至 21 世纪初；第二个阶段是 2005 年以后。劳动收入占比在第一阶段具有显著的提升，因此引起了国内许多学者的关注。李扬（1992）首次对 1949～1990 年的中国劳动收入占比进行了测算，1949～1978 年劳动收入占比始终处于较低水平，而改革开放以后，劳动收入占比有了较为明显的提升，他认为，导致中国劳动收入占比显著提升的原因主要在于改革开放以前的劳动收入主要表现为非工资收入，而改革开放以后则逐渐转变为工资收入，因此劳动收入占比有了较大的提升。向书坚（1997）测算了 1978～1995 年中国的要素收入分配格局变化，结果发现劳动收入占比从 1978 年的 36.88% 提高到 1995 年的 52.99%，而资本收入占比则从 1978 年的 38.59% 下降到 1995 年的 26.86%，通过实证分析，他认为引起改革开放以来劳动收入占比提升的主要原因在于非农职工比重和社会劳动者人数的提升，而国民分配向个人倾斜的观点则应予以否定。Hsueh 和 Li（1999）利用分行业的收入法 GDP 数据对中国及中国各产业的资本收入占比进行了测算，结果表明 1995 年以来，中国资本收入占比逐年提高，工业、建筑业和农业部门的资本收入占比也呈逐年提高趋势。杨少华和徐学清（2000）利用中国宏观层面数据对中国 1978～1995 年的要素收入分配进行测算，研究结果发现劳动收入占 GNP 的比重从 1978 年开始呈逐年上涨的趋势，1978～1986 年这一比例从 36.8% 上升至 53.1%，上升了 16.3 个百分点，上升幅度较大，这一段时期主要是由于家庭联产承包制、工资制度改革而使城乡居民收入有了较大提升；1987～1993 年，劳动收入占比较为平稳，这主要受国家宏观调控使经济"软着陆"的影响；1993～1995 年，又使劳动收入占比提升到 52.3%，这主要归功于工资制度改革和非农劳动力人数提高。

  2005 年以后，要素收入分配格局开始转变，尤其是劳动收入占比开始呈逐年下降趋势。赵俊康（2006）计算了中国 1996～2003 年的劳动收入占比变化，劳动收入占比从 1996 年的 53.4% 下降到 2003 年的 49.62%，下降了 3.78 个百分点。赵俊康（2006）认为，导致劳动收入占比下降的主要原因包括：①重视节约劳动的技术开发与使用，忽视节约资本的技术，使劳动节约的技术对资本方有利。②资本对劳动的相对价格持续下降，政府过度鼓励投资和扩大资本市场需求。③市场需求不足，降低了劳动的边际产品价值。李稻葵（2007）计算了 1990～2005 年中国各省劳动收入占比，从 1990 年的 53% 下降到了 2005 年的 48%，在初次收入分配中，劳动收入占比下降已经成为无可争议的事实，并指出国有企业盈利能力提升、服务业占比过低等是导致这一现象的重要原因。Bai 等（2006）的研究表明，中国的资本收入占比近十年呈逐年上升的趋势。李扬和殷剑峰（2007）以国家统计局公布的 1992～2003 年的中国资金流量表为基础，对劳动报酬净额占比进行测算，研究发现，中国劳动报酬净额占比从 1992 年的 36.33% 下降到 2001 年的 31.36%。一方面，由于企业给劳动者的报酬下降；另一方面，居民收入逐步向企业收入转移。罗长远（2008）利用宏观层面数据对中国 1995 年以来的劳动收入占比进行测算，研究发现，劳动收入占比从 1995 年的 51.4% 下降到了 2004 年的 41.6%，尤其是 2003～2004 年劳动收入占比快速下降达 4.6 个百分点。中国社科院在 2008 年发布了《社会蓝皮书》，指出"中国劳动收入占比从 2003 年的 50% 以上下降到 2006 年的 40.6%，而资本收入占比却在这一期间上涨了大约 10 个百分点"。白重恩和钱震杰（2009a）测算了中国 1978～2003 年劳动收入占比变化，发现劳动收入占比 1995～2003 年下降了 10.73 个百分点，其中由于 2003～2004 年统计核算方法的改变使劳动收入占比被低估了 6.29%，①剔除核算方法的影响后，这一段时间结构转型劳动收入占比下降了 3.36 个百分点，部门劳动收入占比下降了 2.12 个百分点。罗长远和张军（2009）发现，中国 1996～2006 年的劳动收入占比已经从 54% 下降到 40%，这

---

① 白重恩和钱震杰（2009a）指出，我国收入法 GDP 在 2004 年发生了两个变化：一是个体经济业主收入从劳动收入变为营业盈余；二是对农业不再计营业盈余。

与同时期的大多数国家的劳动收入占比走势相反。从国际经验来看，大多数发达国家和发展中国家的劳动收入占比都在55%~65%的水平（Gollin，2002），但是中国的劳动收入占比仅比巴西等一些收入严重不均的拉美国家高。黄先海和徐圣（2009）计算了1978~2006年中国各行业的劳动收入占比变化，研究发现，中国第一产业劳动收入占比下降了59.58%，建筑业部门下降了59.8%，工业部门下降了48.38%，第三产业下降了34.86%，他们认为劳动收入占比下降已经成为中国国民经济的普遍现象。黄乾和魏下海（2010）对中国1990~2007年的要素收入分配进行了测算，中国劳动收入占比从1990年的53.4%下降到2007年的39.7%，资本收入占比从21.8%提高到31.3%。中国1995~2005年劳动收入占比共计下降了19.3个百分点，比美国多下降了9.1个百分点，比欧洲多下降了8.5个百分点，比日本多下降了6个百分点。中国收入分配失衡面临着劳动收入占比低和下降快两个典型特征。安体富和蒋震（2009）利用收入法对GDP进行分解发现，1996~2005年劳动收入占比从53.5%下降到41.4%，共下降12.1个百分点，1998年以后下降尤为迅速。梁季（2012）利用《中国统计年鉴》《资金流量表》等相关数据，测算了中国1992~2008年劳动收入占国民净收入的变动趋势，从1992年的60.6%下降到2008年的53.0%，下降了7.6个百分点。通过与日本的相同阶段劳动收入占比进行对比发现，中国劳动收入占比高于同期的日本，但是从趋势上来看，日本的劳动收入占比是不断上升的趋势，而中国则是不断下降的趋势；与同时期的OECD国家相比较来看，中国劳动收入占比处于中等水平。吕冰洋和郭庆旺（2012）对中国要素收入分配进行了测算，从1983年开始资本收入占比呈不断上升趋势，劳动收入占比则每况愈下。1983~2008年劳动收入占比税前和税后分别下降22.3%和24.1%，而资本收入占比税前和税后分别提高25.5%和29.5%。也有一些学者对中国企业内部的要素收入分配进行研究。白重恩等（2008）利用中国工业企业数据库测算了1998~2005年平均加权资本收入占比，研究发现在这一期间，资本收入占比提高显著，增幅达到12个百分点。方军雄（2011）利用上市公司数据库测算了2001~2008年员工收入比重，结果显示员工收入比重呈逐年上升趋势，从2001年的19.95%提高到2008年的24.17%，提高了4.22个百分点。钱震杰（2011）利用工业年报数据库计算了中国工业部门的资本收入份额，资本收入份额从1998年的60.78%提升到2005年的73.46%，提升了12.68个百分点。胡奕明和买买提依明·祖农（2013）利用2000~2011年沪深上市公司的1484个样本对上市公司内部的收入分配情况进行了实证研究，通过统计发现，上市公司内部资本收益率最高，劳动所得率次之，而税负率最低。从变动趋势来看，劳动所得率并非逐年下降，而是逐年上升，股东所得率的波动较为强烈。

通过要素收入分配测算方面的文献，本书主要从两个方面进行了深入的探讨和梳理。首先，国外关于要素收入分配的测算是否符合"卡尔多特征"并未给出明确的答案，可能关于这一问题的研究还有待于进一步深入。其次，中国对于要素收入分配的测算起步较晚，主要是在国外研究的基础上，通过发现某一要素的变动趋势，而加深对要素收入分配测算的研究，目前集中在对"劳动收入下降，资本收入不断提升"问题的研究。最后，从现有研究来看，国内外文献对于要素收入分配的研究大多集中在宏观层面，而来自企业微观层面的证据较少。

2.2 关于要素收入分配变化的解释

针对要素收入分配格局的变动，国内外文献主要在新古典经济学的分析框架下对要素收入分配的变动予以解释，包括技术进步、不完全市场、产业结构转变等原因。还有一些学者从制度角度，大致包括宏观和微观两个层面（韩雷，2012）。鉴于研究要素收入分配变化原因的文献较多，为更加细致地对文献进行梳理和归纳，本书分别对国外和国内文献进行总结。

2.2.1 国外研究

在众多分析要素收入分配格局变动的理论中，新古典主义的要素收入分配理论占据了非常重要的位置，其至少可以从两个方面对要素收入分配的变动进行解释：要素替代弹性和有偏技术进步（钱震杰，2011）。在价格一定的条件下要素替代弹性和相对的投入是要素收入占比的决定因素。当替代弹性大于1时，劳动相对价格提升，劳动收入占比下降；当替代弹性小于1时，劳动相对价格降低，

---

① 造成钱震杰（2011）计算的资本收入占比较高的原因在于其定义的资本收入占比为"1 – 劳动收入占比"。

劳动收入占比上升；当替代弹性等于1时，劳动相对价格的变动抵消要素占比的变动。Bentolina 和 Saint Paul（2003）在规模报酬不变生产函数的基础上，发现劳动与资本之间的替代弹性决定了资本产出比与劳动收入占比的关系，并通过对 OECD 国家 1972~1993 年的数据计算了相应的要素替代弹性。Bentolina 和 Saint Paul（2003）将资本—产出比 k 与劳动收入占比 S_L 之间的关系称为 SK 曲线。

Bentolina 和 Saint Paul（2003）指出，劳动收入占比 S_L 与资本—产出比 k 形成了 SK 曲线，在 SK 曲线上，劳动收入占比发生移动。如图 2.1 所示，当劳动收入占比从 A→A1 时，此时资本—产出比 k 使劳动收入占比 S_L 发生移动，这种效应被称为"滑动"效应。除资本—产出比对劳动收入占比影响外，其他因素一般会通过两种方式影响劳动收入占比的移动：一种是通过"平移"效应实现。A→A2，他们指出对外的贸易因素和技术进步是导致"平移"效应实现。另一种是通过"偏移"效应实现。A→A3，此时垄断因素可以导致这种情形发生。要素之间的替代关系还能够对劳动收入占比的周期性变化进行解释。Gallaway（1964）指出，如果要素之间的替代弹性小于1，且价格先于货币工资，由于工资相对水平的变动，将会影响要素之间的替代弹性，从而使经济收缩期的资本收入占比降低，经济扩张期的资本收入占比提高。不过，当劳动力需求提高引起了工资水平的提高，此时如果要素替代弹性小于1，则扩张时期的劳动收入占比也可能提升（Bell，1965）。因此，Sargent 等（1974）指出，要素收入占比在新古典模型下既可能表现为收缩期提升，也可能表现为收缩期下降。

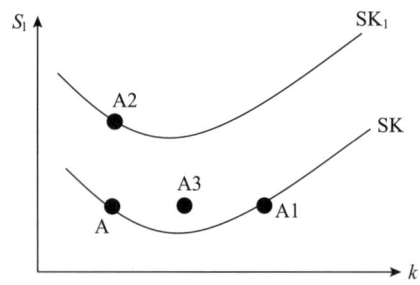

图 2.1 资本—产出比与劳动收入占比之间的关系

资料来源：笔者整理。

有偏技术进步也会引起要素收入占比的变化（Amano，1964；Acemoglu，2003；Peretto 和 Seater，2007）。Hicks（1939）指出，当劳动的相对价格提高时，依靠劳动集约型技术进步是厂商采取的主要措施。Slow（1958）首次指出技术进步在要素收入分配占比的变化中起到了非常重要的作用。Kennedy（1964）在厂商技术进步的方向选择是为了在尽可能降低成本的假设条件下，有偏技术进步会对要素收入分配产生影响，直至在每一种要素上进行技术改进和每一单位降低的成本相同，才不会继续影响要素收入分配占比。Ferguson（1968）通过对美国制造业劳动收入占比的研究发现，美国制造业劳动收入占比增幅的1/4可以由劳动使用型技术进步来解释。Lianos（1971）对1949～1968年20年的美国农业劳动收入占比的研究发现，要素替代弹性大于1和资本增强型技术进步存在是美国农业劳动收入占比下降的原因。Blanchard（1997）同样发现，资本增强型技术进步是欧洲大陆国家劳动收入占比下降的主要原因。Acemoglu（2003）的研究表明，在诱致性技术进步下，要素收入分配在长期趋于稳定。

除要素替代弹性和有偏技术进步两个主要因素外，众多学者还从其他角度给出了要素收入分配占比变动的解释，大致包括产品结构、市场不完全（垄断）、全球化、制度等因素，这些解释因素大多是在新古典主义要素收入分配模型的基础上扩展得到。Kongsamut等（2001）通过对经济进行分解，发现随着经济发展，服务业、工业和农业的劳动收入占比分别呈现提高、稳定和下降的趋势，虽然劳动收入占比整体变动稳定，但是劳动收入占比在各产业间存在较大差异，因此产业结构是影响要素收入分配占比的重要因素。产品和劳动力因素也是影响要素收入占比的重要因素（Blanchard和Giavazzi，2003）。Spector（2004）在新古典模型的基础上，将不完全市场引入模型，并讨论了垄断程度对要素收入分配的影响。Diwan（1999）对劳动收入占比与金融危机之间的关系进行了验证，通常情况下劳动收入占比会在金融危机后降低，这主要在于资本较劳动的流动性更强，导致了劳动者不得已会承担更多的金融危机社会损失。他进一步指出，在国际化的作用下，非熟练劳动力的价格在发展中国家会呈上升趋势，而在发达国家则呈不断下降的趋势。Harrison（2002）对100多个国家30多年的面板数据进行了研究，他发现要素替代弹性并不能够完全解释要素收入占比的变动，影响劳动收入占比变动的决定因素包括要素的有机构成、外商投资、政府支出、汇率危机、资本控制、贸易额等全球化指标。其中，汇率危机、贸易额等指标可以显著降低劳动收入占比；政府支出、资本控制则能够显著地提升劳动收入占比。因此，国际贸易等因素引起了各国间的收入分配不平等。Zuleta和Young（2007）表明，发达国家在与发展中国家进行贸易交易的同时，由于拥有足够大的业务规模，劳动收入占比在发达国家可能出现不降反升的情况。在这一点上，Acemoglu

和 Guerrieri（2006）则持相反观点。除了从新古典经济学及其扩展方向研究要素收入分配外，国外学者也从制度角度对要素收入分配的影响进行了研究，只是目前这一角度的研究还较少，且比较分散，并没有形成一个系统的关于要素收入分配影响的制度分析框架。在微观制度层面，Bentolina 和 Saint Paul（2003）从劳工斗争数对劳动收入的影响进行了研究，发现劳工斗争次数越多，则劳动收入占比越低，其深层次的原因则与谈判能力有关，劳工斗争次数越多，则谈判能力相应的下降，这明显影响了劳动收入占比。Guscina（2006）、Euseina（2006）则从工会影响员工劳动收入占比的角度进行了研究，结果表明，工会对劳动收入占比具有正向影响，即工会力量越强，则劳动收入占比越高。在宏观制度层面，主要从国家宏观政策层面进行研究，包括财政支出政策、税收政策等方面（Diwan，2000；Jayadev，2007），研究结果表明政府干预会对要素收入分配产生重要影响。

2.2.2 国内研究

国外研究普遍强调技术进步（Acemoglu，2003；Blanchard，1997）、全球化（Acemoglu 和 Guerrieri，2006；Harrison，2002；Diwan，1999）对要素收入分配的影响，而国内学者则更加强调所有制转型（白重恩和钱震杰，2009a；周明海等，2010b）、产业结构（罗长远和张军；2009b）、资本回报率（李稻葵等，2009；Bai 和 Qian，2010）对要素收入分配的解释。向书坚（1997）的研究表明，1978～1995 年中国劳动收入占比持续提高的主要原因在于工资改革和农副产品收购价格提高。20 世纪 90 年代以来，劳动要素收入份额下降，资本收入份额逐年上升已成为无可争议的事实（蔡昉，2005；Bai 等，2006；李稻葵等，2009；国家发改委课题组，2012），国内越来越多的学者开始对要素收入分配进行研究（罗长远和张军，2009a；白重恩和钱震杰，2009b；钱震杰，2011；张杰等，2012）。Bai 等（2006）研究发现，资本回报率保持稳定和投资率高是造成近十年来中国资本收入占比持续提升的主要原因。赵俊康（2006）通过对1996～2003 年中国要素收入分配测算发现，影响要素收入分配的主要原因有三个：重视节约劳动的技术开发与使用，资本对劳动的相对价格持续走低，市场需求不足。李稻葵（2007）指出，中国劳动收入占 GDP 的比重下降已经成为无可争议的事实，而造成这一现象的原因包括资本密集型技术应用、服务业在三大产业中占比过低、国有企业盈利能力提高。李扬和殷剑峰（2007）利用中国宏观层面数据对劳动收入占比进行了测算，发现劳动收入占比下降的主要原因在于企业部门支付的劳动报酬下降，导致居民收入的一部分被转化为政府的收入和企业部门的利润。白重恩和钱震杰（2008）通过引入 Dixit - Stiglitz 垄断竞争，建立了要素收入分配份额的决定模型，回归结果表明，垄断和国有部门改制是影响工业部门要素收入分配占比变化的主要原因。李稻葵等（2009）利用中国社科院 2000～2004 年 1000 个企业调查数据，研究发现，影响中国劳动收入占比下降的主要原因在于劳动力获得的回报在经济发展过程中低于劳动力的边际产出，而资本回报率却恰恰相反，因此资本回报率高是影响劳动收入占比下降的主要原因。另外，他们还指出，工业比重变化、国企改革带来的企业盈利提升也是影响要素收入分配的重要原因。白重恩和钱震杰（2009）以新古典要素收入分配理论为基础，利用 1997～2003 年中国省际面板数据，实证分析了影响资本收入占比的因素，结果表明影响资本收入占比的因素主要有要素相对价格、要素市场扭曲、教育投资、人均收入水平等，而产品市场的不完全却并不是影响中国资本收入占比的主要因素。更进一步，通过贡献率测算，近些年来影响中国资本收入分配增加的主要因素是产业结构转型，而并非要素间相对价格的变动和市场扭曲。罗长远和张军（2009a）从产业角度对中国劳动收入占比的变化进行了实证研究，结果表明产业结构变化对劳动收入占比的波动密切相关。罗长远和张军（2009b）利用 1987～2004 年中国省际面板数据对中国劳动收入占比下降进行实证研究，研究发现，经济发展水平、民营化、FDI 对劳动收入占比呈负向影响，而人力资本积累、财政支出以及资本密集型产品的进口则有利于劳动收入占比的提升。白重恩和钱震杰（2009a）系统研究了 1995 年以来中国劳动收入占比下降的原因，研究结果表明，结构转型和部门劳动收入变化是影响 1995～2003 年中国劳动收入占比下降的主要原因，分别使其降低 3.36 个和 2.12 个百分点。通过对 1998～2003 年工业部门的分析表明，国有企业改制和垄断是影响要素收入分配的主要因素，分别贡献 60 个和 30 个百分点。总体来看，1995～2004 年核算方法调整、结构转型和部门劳动收入占比变化对劳动收入占比的影响分别为 59 个、29 个和 12 个百分点。白重恩和钱震杰（2009b）认为，劳动收入占比大幅下降是居民收入占比下降的主要原因，而引起劳动收入相对资本收入占比下降的原因很大程度取决于经济发展的阶段。白重恩和钱震杰（2010）利用 1985～2003 年中国省际面板数据，通过对 1985～1995 年和 1996～2003 年劳动收入占比回归，结果表明，三个因素对劳动收入占比具有显著影响：国有经济占比、产业结构和税负水平。黄先海等（2010）认为，中国劳动收入占比下降的重要影响因素是所有制结构变动。方军雄（2011）利用上市公司数据，发现员工劳动收入占比呈现逐年上升趋势，实证结果表明，员工劳动收入占比与公司治理、技术构成等因素有关。郭庆旺和吕冰洋（2011）系统研究了中国税收对要素收入分配的影响，研究结果表明税收对要素收入分配具有显著影响。在直接税方面，企业所得税降低了资本收入占比，个人所得税中对劳动所征的税降低了劳动收入分配占比；在间接税方面，营业税降低了资本收入占比，而增值税降低了劳动收入占比。张杰等（2012）对中国制造业部门劳动收入占比下降进行了研究，结果表明，资本报酬提升、资本密集度提高、FDI是影响劳动收入占比下降的主要因素，而劳动力在地区间的流动也对劳动收入占比产生了负向效应。胡奕明和买买提依明·祖农（2013）认为，初次要素收入分配在企业层面的差异主要与行业竞争性、垄断程度、企业规模、股权性质等因素具有密切关系。陈宗胜和宗振利（2014）利用1997~2011年中国省际面板数据对劳动收入占比的影响因素进行实证分析，研究表明二元经济结构变动是影响劳动收入占比变动的主要因素。对外贸易、FDI、技术进步和农村剩余劳动力数量制约劳动收入占比提升，而劳均资本存量和财政支出则能够显著地提高劳动收入占比。

以上文献分别对国外研究和国内研究进行了回顾和梳理，可知要素替代弹性、技术效率、产业结构、市场不完全、制度等因素能够对要素收入分配产生重要影响，但是对于中国近些年来劳动收入占比下降、资本收入占比显著提升的现象，与技术、产业调整等并未呈一致变化，以上提到的因素还未对中国要素收入分配现象具有充足的解释。综合来看，现有研究很少涉及从制度或权利配置层面对中国的要素收入分配进行研究，而从这一角度出发对理解中国的要素收入分配具有重要意义。

2.3 关于要素收入分配的政策建议

对影响要素收入分配的因素进行详细探究之后，国内外学者开始提出相应的对策建议。要素替代弹性、技术效率、产业结构、市场不完全等因素能够对要素收入分配的变化进行很好的解释，本书认为有必要针对上述解释对相关的政策建议进行梳理，有利于进一步指导要素收入分配领域改革。因此，本书从政府、产业结构、完善市场和其他角度对有关要素收入分配政策建议的相关文献进行回顾和总结。

2.3.1 从政府角度分析提出政策建议

政府对改善要素收入分配现状具有举足轻重的作用,后凯恩斯主义的要素收入分配理论明确探讨了(生产)要素与增长、储蓄和投资之间的密切联系(Kaldor,1956)。Rowthorn(1999)研究发现,当替代弹性小于1时,政府采取的刺激性投资政策会促进社会的就业增长,且对就业影响显著;当替代弹性等于1时,在政府的政策中,只有工资政策能够影响就业。Chirinko(2002)指出,当替代弹性越来越低时,投资对于税收政策的反应则越来越小,因而政府采取的税收政策带来的福利影响对要素替代弹性将很敏感。蔡昉(2005)指出,1998~2003年中国劳动收入占比下降迅速,而资本收入占比却提高显著,这种要素收入分配的明显变化势必会扩大收入分配差距,应通过扩大就业角度来解决这一问题。赵俊康(2006)认为,劳资分配比例的协调必须要由政府进行调节。一是要鼓励开发和使用节约资本的技术。未来20年,由于就业压力大,必须要选择节约资本的技术,增强国家自主创新能力,并要把促进就业放在核心的位置上。二是要调整生产要素的相对价格。降低劳动对资本的相对价格,控制高收入者的收入,增加对企业的公共工资补贴,减少对资本的优惠政策等。李扬和殷剑峰(2007)从三个方面对政府提出了建议:①提高员工劳动报酬的支付,对企业进行监督,尤其是进一步完善和严格执行最低工资制度;对各种社保制度进行完善,增加政府对社会福利的支出;积极发展资本市场,大力发展直接融资,为居民创造更多财产收入条件。②通过财政政策降低居民负担,提高国内消费率。③对企业而言,要提高生产率,逐步提高居民劳动收入,减少对低劳动成本的依赖。杨俊等(2009)从两个方面提出了建议:①要完善政府绩效考核评价机制。政府要切实完善对于政绩考核评价机制,不能只看对于经济绩效取得的成绩,而是要转变为对于加强民生等方面的综合考核,切实提高劳动收入占比。②要加强对劳动者权益的保护。劳动者在劳动力供给不足的情况下会有很强的议价能力,但是一旦转变为劳动力供给过剩的情况,议价能力便处于绝对弱势地位,对劳动者权益的保护并不够,无形中弱化了劳动者在劳资双方中的地位。因此,政府要进一步对劳动者的权益进行保护。黄乾和魏下海(2010)指出,增加就业和工资收入是提高劳动收入占比和调整收入分配结构的关键。政府在确保经济增长的同时也要提高就业量,创造更多的就业机会。加强对劳动者权益的保护力度,提升劳动者与企业的谈判能力。郭庆旺和吕冰洋(2011)认为,政府应从税收角度来调整要素收入分配格局。①要适度降低财政收入对增值税的依赖。降低增值税比例，扩大相应的免税范围。②提高个人所得税制设计上的对资本要素征税的份额，建立有效的个人收入监控机制。③保持企业所得税和营业税现行税制。④进一步完善消费税，加强对财产税、土地增值税、契税等的完善，大幅提高对资源消耗率高和奢侈品的征税税率。但是，他们进一步指出，不能完全指望依靠税收制度来实现要素收入分配的调整，根本调整还是扩大就业、调整产业结构、加强劳动力培训等方面。陈宗胜和宗振利（2014）指出，政府要在财税方面给予支持，提高劳动增强型的技术进步，创造更多的就业机会，加强非熟练劳动力的教育和培训，提高劳动力整体机能和素质，提高劳动者在生产中的地位。

2.3.2 从产业结构角度分析提出政策建议

自Slow（1958）以来，将要素收入分配与产业结构转型联系起来探讨，已经成为近些年来一个热点（钱震杰，2011；Young，2004；Ruiz，2005）。林毅夫（2007）认为，在初次分配中，提高劳动者收入占比的一个有效措施是改变产业结构，通过多发展劳动密集型产业来进行实现。汪德华等（2007）探讨了政府规模、制度等对服务业占比下降的影响，认为应大幅提高服务业占比。白重恩和钱震杰（2009a）研究表明，20世纪中期以来，资本收入分配提高的61.3%来自产业结构转型，因此通过政治手段调整各产业的要素收入分配占比是一个值得深思的问题。中国的服务业产值占GDP的比重还比较低，可以通过提高第三产业的占比来提高GDP中劳动份额占比。如果随着产业结构继续从农业部门转向非农业部门，劳动收入份额将会继续降低，但如果产业结构发展到从工业部门向第三产业部门转变，那么由于第三产业劳动份额高于工业部门，中国劳动收入占比就会相应提升。同时，他们指出，强制性地增加工资和其他劳动力成本会导致企业更多地选择资本替代劳动，从而减少对劳动力的需求，降低就业导致企业选择资本密集型生产技术，从而降低了劳动收入份额。罗长远和张军（2009a）从产业角度对中国劳动收入占比变化进行了实证研究，从两方面提出了产业结构角度的政策建议：①政府应该通过相应的政策来推动劳动收入占比的提升。在工业化时期，第一产业占比逐渐下降，此时的劳动收入占比处于下降阶段；工业化完成后，以服务业为代表的第三产业逐渐发挥作用，并成为经济增长的新动力，由于服务业的劳动收入占比高于工业，通过提高服务业占比能够提升劳动收入占比。要拓宽服务业的发展空间，降低自身资本进入壁垒。他们指出，私人资本的进入可以带动更多的就业，服务业很多产品的不可贸易性又可以避免国际竞争，从而提高劳动收入占比。②政府政策的制定要"对症下药",不能"一刀切"。一是政府不能通过国有银行向国有企业甚至外资企业注入资金,如果这些企业轻易地获得资金,容易导致资本替代劳动的问题。二是要公平地对待外资和国内企业,不能在招商引资方面给外资更高的地位。三是在贸易条件趋于恶化的情况下,要使传统的劳动密集型出口加工行业向服务业顺利转移。罗长远和张军(2009b)认为,提高劳动收入占比要加快服务业的发展,促使经济由工业化向现代化迈进,中国要在二元经济背景下发展工业就必须要将农业部门的剩余劳动力转移到工业部门,劳动使用型技术进步不仅是稳定工业部门劳动比重的需要,① 也是发展工业化本身的需要。但是,单单对外国设备和技术进行引进的行为是错误的,这样会忽视劳动要素的一同转移。因此,在合理利用资本的同时必须重视劳动要素的利用,加强政府政策的导向性,鼓励劳动密集型制造业的发展,积极发展小型劳动密集型制造业,稳定劳动收入占比。周明海等(2010)指出,中国经济在短期内处于转型路径(Transition Path),国企改制、民营化和外资进入体现了这种特征,并对劳动收入占比产生负向影响,因而应通过国企改制和推动民营企业发展来改善要素收入分配。

2.3.3 从其他角度分析提出政策建议

现有研究还从完善市场、全球化、统计核算等角度提出了相应的政策建议。在完善市场方面,白重恩和钱震杰(2009a)指出,减少垄断程度对增加劳动收入占比具有积极的意义,适当的劳动保护是十分必要的,但是对劳动力市场过度干预并不能够提高劳动收入占比,反而会造成要素配置的扭曲,降低全社会的福利。宁光杰(2011)认为,提高劳动收入占比,要进一步发展资本等要素市场,使要素价格实现真正的市场化,加强对企业融资环境方面的建设,降低企业因为技术选择而降低的劳动收入占比。不断提高劳动者在劳资谈判中的地位,同时加强政府对企业的监管。胡奕明和买买提依明·祖农(2013)认为,应从以下三个方面调整要素收入分配格局:①初次收入分配在企业层面间的差异很大,且与行业竞争性、股权性质、企业规模等方面密切相关,收入分配方案不能够简单划一,不能单纯地通过降低税负增加职工收入。②劳动和资本两种要素之间对风险的承担程度不同,收入分配的调整必须要考虑资本和劳动对风险承担的差异。③要对国有企业,特别是垄断国有企业进行改革。提高国有

---

① 劳动使用型技术进步也称资本节约型技术进步。

企业利润上缴比例，提高这类企业的税负。总而言之，要解决要素之间的分配关系，必须考虑不同利益方的贡献、承担的风险及相互之间的关系，而不能简单化一。罗长远和张军（2009b）认为，国有企业和FDI由于在税收、土地使用、环保待遇等方面明显高于其他类企业，这种垄断使劳动力长期处于低价格状态，人为制造的"稀缺"抬高了外资和国有资本对劳动力的谈判能力，因此要通过消除垄断和抑制地区间招商引资的恶性竞争，改善要素收入分配格局。张杰等（2012）认为，应当适当增强市场竞争程度和加强地区劳动力流入来提高劳动收入占比。在全球化方面，罗长远和张军（2009a）指出，FDI对劳动收入占比的提高呈反向作用，而劳动收入占比的提升不利于吸引外资。在财政分权的放大背景下，地方政府之间为了FDI的引入而加强了资本的谈判地位，从而使劳动处于不利地位。由于亚洲邻国主要是利用中国的优惠政策和廉价劳动力，因此劳动收入占比不会因为FDI的引入而提高。唐东波（2011）认为，全球化进程中，FDI和经济增长对劳动收入占比具有重要影响，而且是负向影响，但是对于这种影响要区别对待。对于FDI，因为资本竞争而扭曲了要素市场；对于经济增长，更多地反映了经济发展阶段的劳动收入占比特征。在提高初次分配劳动收入占比问题上，政策上要对FDI之间的地方竞争进行抑制，防止恶性竞争出现，在FDI流入的同时要保证劳动议价能力均衡。同时，要积极开展对外贸易，大力发展服务业，实现经济由传统工业向现代服务业转型。政府应积极增强财政支出，营造良好的外部劳动力市场就业环境，在法律、工会等方面提高对劳动者权利的保障，切实提高劳动者关于收入待遇的议价能力。张杰等（2012）指出，地区外资进入对企业的劳动者报酬产生了"负向溢出"效应，因此要保障FDI进入的合理规范化，防止地区间争夺FDI的恶性竞争。在统计核算方面，白重恩和钱震杰（2009a）指出，进行跨国比较不能单纯通过Gollin（2002）调整自雇佣劳动者统计核算方法的差异，消除劳动收入占比的空间和时间效应，并不能实现完全意义上的可比。由于统计核算的改变而使2003~2004年度我国劳动收入占比被低估了6.29个百分点，钱震杰（2011）也得到了类似的结论。罗长远和张军（2009b）强调了统计口径变化的重要性，特别令他们感兴趣的是自我雇佣劳动如何在资本收入和劳动收入之间进行划分。

2.4 马克思的要素收入分配思想

本书坚持了马克思的按劳分配理论和剩余价值理论,为承接第3章的理论基础部分,有必要对马克思的要素收入分配思想进行详细的回顾。

2.4.1 马克思的按劳分配理论

马克思在扬弃斯密为代表的古典理论的基础上,建立了剩余价值学说和劳动价值学说。他认为劳动力的工资水平不仅是由农业部门决定的,而且应当由社会产品共同决定,包括租金在内的利润决定价格高出劳动工资的剩余部分。与古典主义相同的地方是,两者都假设劳动工资不变,不过马克思认为劳动工资不变是建立在剩余劳动力假设的基础之上,而古典主义则是建立在"自然工资率"假设基础之上。在生产与分配的一般关系上,马克思认为:①生产资料的占有方式决定收入分配;②生产决定分配,不仅生产出的产品构成分配的客观对象,而且劳动者与生产资料在生产过程中的结合方式决定了收入分配的特点形式。其中,生产决定分配,生产关系决定分配关系。所谓的分配关系,是同生产过程的历史规定的社会特殊形式,以及与人们在再生产过程中相互所处的关系相适应,并且是由这些形式和关系产生的。这些分配关系的历史性质就是生产关系的历史性质,分配关系不过表现生产关系的一个方面。① 因此,不应将生产关系和分配关系割裂,无论是离开生产谈分配,还是离开分配谈生产,都是错误的。

马克思的按劳分配理论建立在以下理论的基础之上。

第一,劳动价值论。马克思对古典主义劳动价值论进行了发展。这个理论解决了个人消费品分配的客观依据和如何计量的问题。马克思认为,劳动是创造价值的唯一来源,于是在未来社会是否劳动就成为能否参与个人消费品分配的唯一依据。创造价值的劳动存在体力劳动和脑力劳动的差别、简单劳动和复杂劳动的区别。关于劳动的多少,主要是将劳动还原为简单劳动,并用劳动时间来进行估量。劳动价值论强调劳动创造价值,而有效的劳动能够使社会成员拥有公平参与社会财富分配的权利。

---

① 马克思,恩格斯. 资本论(第三卷)[M]. 北京:人民出版社,2004:999-1000.

第二，剩余价值论。马克思在劳动价值论的基础上，通过对资本与雇佣劳动对立关系研究，创立了剩余价值论。剩余价值论重点分析资产阶级内部剩余价值应当如何进行分配。在资产主义生产关系下，劳动者创造的剩余价值被资产家无偿占有，最终被资产资本家、借贷资本家、商业资本家和土地所有者以产业利润、利息、商业利润和地租等形式共同瓜分。

第三，社会再生产理论。马克思认为，社会总产品的实现是社会再生产顺利进行的关键。马克思为了说明这一问题提出了两个基本前提：一是社会总产品的实物形态根据最终用途可以划分为两大类，即生产资料和消费资料。生产资料进入生产过程，用于生产消费；消费资料脱离生产和流通过程，主要用于消费，因此全社会物质资料生产可以分为生产资料的第一部类和生产消费资料的第二部类。二是社会总产品在价值上包括不变资本价值（c）、可变资本价值（v）和剩余价值（m）三部分。c用于补偿生产过程中所消耗的生产资料，v用于劳动者的个人消费，m用于资本家的个人消费。

马克思基于以上理论对资本主义的分配制度进行了批判。马克思（2004）指出，"庸俗经济学家所做的事情，实际上不过是对于局限在资产阶级生产关系中的生产当事人的观念们，当作教义来加以解释、系统化和辩护……因此，庸俗经济学家丝毫没有想到，被他当作出发点的这个三位一体：劳动—劳动价格或工资，资本—利息，土地—地租，是三个显然不可能组合在一起的部分"。[①] 首先，资本并不是物，而是一种生产关系。只有当物质资料被一部分人以垄断形式占有，并专门用来生产剩余价值时，就成为资本。其次，"土地—地租"这个公式并非表现出合理的关系。土地作为天然存在，一个不折不扣的物，它本身没有价值，也不可能创造价值，它之所以能够生产出农产品是由于劳动力的发挥，而不是土地本身，只是劳动力的创造受土地肥力的影响。最后，劳动是一个实现人与自然之间物质变换的一般的生产活动。而在"劳动—工资"关系中，劳动本身没有价格或者价值，知识劳动力作为商品是有价值的，从而拥有了对应的价格。因此，工资其实只是劳动创造价值的一部分。

在马克思主义的要素收入分配理论中，生产方式决定了分配的方式。对资本家而言，其以生产条件所有者方式参与生产，分配的结果是资本家获得利润；工人由于没有生产条件只能以雇佣劳动的形式参与生产，分配的结果是只能获得相应的工资。马克思（1972）认为，一定的生产决定一定的消费、分配、交换和这

---

① 马克思，恩格斯. 资本论（第三卷）[M]. 北京：人民出版社，2004：925.

些不同要素相互间的一定关系。当然，生产就其片面形式来说也决定于其他要素……随着分配的变动，例如，随着资本的集中，随着城乡人口的不同分配等，生产也就发生变动……不同要素之间存在着相互作用。每一个有机整体都是这样。① 因此，生产条件分配的结果决定了产品的分配。

马克思主义的要素收入分配理论主张按劳分配，也就是实质上的"各尽所能，按劳分配"。马克思（2004）强调，每一个生产者，在做了各项扣除以后，从社会领回的，正好是他给予社会的；他给予社会的，就是他个人的劳动量。②在社会主义阶段，由于实行生产资料的公有制，这就排除了凭借生产条件和生产资料来占有他人劳动的可能性，每个人能够参与分配的只有个人的劳动量，劳动是获得个人消费的唯一依据。这是对资本主义分配方式的否定，按劳分配是社会主义公有制经济中分配的基本原则，是社会主义公有制的客观经济规律。马克思所强调的按劳分配要对劳动成果进行必要的扣除，然后才能进行分配：①扣除用于补偿生产资料消耗的部分；②用于扣除扩大再生产而追加的部分；③用于应付事故、自然灾害等的保险基金。对于劳动的度量，马克思强调要采取劳动时间来进行度量，收入分配的多少主要取决于劳动贡献的大小和差别。马克思主义的要素收入分配理论强调劳动的主体地位，强调资本主义生产过程中，工人劳动所创造的价值才是真正的价值创造源泉，赤裸裸地揭露了资本主义的剥削关系，对中国收入分配制度改革具有重要的借鉴作用。

2.4.2 价值创造与价值分配

马克思认为，物质生产部门的活劳动创造了价值，劳动是价值创造的唯一源泉。生产要素论认为各种生产要素共同创造了价值，效用论则认为物品的边际效用决定了价值，③ 而创新价值论则认为不仅是"剩余"或"余额"，经济发展皆因创新。④ 但无论是生产要素价值论、效用价值论还是创新价值论在解释价值的度量和本源问题上，都不能很好地反映现实生活，在价值的本体上，本书仍坚持马克思的劳动价值论。

马克思认为，价值的本源是人的劳动，但是马克思同时强调："劳动不是一

---

① 马克思，恩格斯.资本论（第二卷）[M].北京：人民出版社，1972：13.
② 马克思，恩格斯.资本论（第三卷）[M].北京：人民出版社，2004：304.
③ 边际效用是指一个人所有的某种物品的每一单位都具有效用的条件下最后一单位所表示的效用，即最小效用。
④ 约瑟夫·熊彼特.资本主义、社会主义与民主[M].北京：商务印书馆，2000：5.

切财富的源泉。"价值的劳动属于历史范畴,在一定的生产方式中进行,这就使价值创造的主体与价值分配的主体存在不对称,需对价值创造做进一步阐述。由于生产要素的稀缺性,通过法律赋予各种生产要素相应的初始产权,不同的生产要素所有权决定了劳动生产要素和非劳动生产要素的结合方式,从而决定了产品的生产方式。在资本主义社会,由于资本家拥有资本、土地等生产资料,而劳动者只能依靠出卖自己的劳动力,资本家凭借资本要素私有权占有劳动者的剩余劳动,而资本家按资本、土地来分配剩余产品,此时劳动者只能按照必要劳动时间分配产品。在社会主义社会,由于生产资料实行公有制,劳动力归个人所有,平等地参与分配,产品实行按劳分配。在社会主义初级阶段,由于存在多种多样的所有制形式,劳动、资本、技术等都参与价值的创造,此时并不能完全按劳动要素参与价值分配,同时还应考虑资本、技术、管理等生产要素在价值分配中的作用。马克思提出的"传统按劳分配"是按生产过程中付出的劳动数量和质量进行分配,其实质就是按生产要素的贡献进行分配。价值的分配在不断的演变,逐渐由按劳分配向按要素贡献分配演进,因而在坚持以按劳分配为主体分配方式的同时,也要兼顾资本、技术、管理在价值分配中的贡献。

通过对马克思的要素收入分配思想的回顾,可以得到以下启示:①劳动收入和资本收入是要素收入分配的重要组成部分。②强调劳动平等参与分配的权利。劳动创造了价值,有效的劳动能够使社会成员拥有公平参与社会财富分配的权利,劳动理应同资本一样具有分享企业利润的权利。③价值创造与价值分配的区别与联系。无疑,马克思意识到劳资关系是理解要素收入分配的重要内容,但马克思主义的要素收入分配理论带有明显的阶级性,过分强调劳动者获得利润分配的重要性,将劳动和资本完全对立起来,这一点又值得商榷。本书坚持以按劳分配为主体的要素收入分配方式,强调劳动要素在价值创造中的绝对地位,但是资本、管理、技术等要素在分配中的贡献也不能忽视。马克思关于要素收入分配的思想是权利配置影响企业要素收入分配理论的重要依据,权利配置为微观基础的企业要素收入分配理论继承和发展了马克思主义的要素收入分配理论,本书将在第3章做进一步阐释。

2.5 本章小结

本章对要素收入分配测算、要素收入分配的解释、政策建议、马克思的要素收入分配思想四个方面的文献进行系统的梳理和总结，当前研究的主要问题具体体现在以下三个方面：一是现有文献大多数研究以宏观层面数据为基础，而来自企业微观层面的证据较少，从微观层面对要素收入分配进行研究能够较好地对这一领域的研究进行补充。二是现有文献主要基于新古典的要素收入分配理论，强调产业转型、技术进步和市场因素在要素收入分配中的解释力，虽然提供了很多可供参考的思路，但是如果将证据放到国际间的分配格局上进行对比，则会发现新古典主义的要素收入分配理论解释力度并不强。三是有关企业内部劳资关系探讨的缺失。马克思的劳动价值论和剩余价值理论强调劳动创造价值，劳动理应同资本一样享有分配利润的权利，强调了研究劳资关系的重要性。但从目前研究看，基于劳资关系分析的文献仍较少，并没有系统的权利配置和制度方面的研究，制度为解释收入分配成因提供一种研究思路，但权利配置是制度背后的主要变量，基于权利配置研究企业要素收入分配的研究尚属空白。在以上文献的基础上，本书从权利配置视角出发，并利用大型微观企业数据库，从微观层面寻找影响中国要素收入分配的因素。

第3章 权利配置影响企业要素收入分配的理论基础

新古典主义的要素收入分配理论对现实的解释能力有限,并未充分解释中国企业的要素收入分配格局缘何变动。马克思主义、新制度经济学随之从劳资关系、制度等角度试图解释要素之间的收入分配问题。制度的本质是产权结构问题,其核心在于权利配置。本章试图从权利配置视角解释企业要素收入分配问题,主要包括新古典要素收入分配的决定论、权利配置影响企业要素收入分配的理论基础、权利配置影响企业要素收入分配的理论分析。本章是全书的理论基础。

3.1 新古典主义的要素收入分配决定论

新古典主义的要素收入分配理论是建立在萨伊的"三要素论"基础上的。萨伊认为,生产不是创造物质,而是创造效用。效用是生产三要素共同创造的,创造效用就是创造价值。由此,除劳动创造商品价值外,自然和资本也共同创造。商品价值由这三种要素共同创造,每一种生产要素的所有者都应获得相应的收入,即地租、利息、工资分别由土地所有者、资本家和工人获得。马歇尔(1965)指出,生产要素的价格实际上就是收入分配的份额大小。要素投入者获得的收入份额等于要素投入者购买要素的成本与投资利润之和。因而,国民收入越大,则各种要素获得的收入份额越大。① 马桂云和郭美凤(2004)认为,以马歇尔为代表的新古典经济学关于要素收入分配的研究至少在两个方面给随后的研究带来启示:一是知识、能力也可以成为影响经济效益的生产要素。日常生活

---

① 马歇尔. 经济学原理(下卷)[M]. 北京:商务印书馆,1965:238.

中，管理、技术的作用日益明显，经济学家开始慢慢关注企业家对管理、技术等生产要素的应用。二是生产要素的分配是动态的，是随着经济和社会的发展而不断变化的。新古典经济学建立的收入分配理论摒弃了古典经济学和马克思主义经济学采用的剩余价值分析法，不过仍然承袭了古典经济学的边际分析法，即要素分配完全由价格机制决定。不同之处在于，古典经济学仅将边际分析法用于劳动和土地，而新古典经济学则扩展了范围，将其用于各生产要素的分析之中。新古典主义强调在完全竞争条件下，任何可变要素的收入由其边际产出决定（马歇尔，1965；克拉克，1983）。新古典主义的要素收入分配理论将影响要素分配的影响因素扩大为要素之间的替代关系、有偏技术进步和市场因素（钱震杰，2011）。

新古典主义要素收入分配决定论凭借其在经验研究的成功和在模型扩展上的优势，使其成为解释要素收入分配最为广泛的理论，但是新古典经济学对解释现实世界始终表现得"束手无策"。新古典并非错误地解释了要素收入分配，而其恰恰是在这一领域研究中最具有影响的理论，至少指出了要素替代弹性和技术是影响要素收入分配的重要领域，但正是由于其应用范围过于狭窄，过度强调资本回报率的作用，而对于分析和改造现实仍具有局限性。

3.1.1 假设条件和完美均衡结果

经济学理论与一般的理论不同，往往建立在许多假设的基础上，只是很多经济学理论没有清楚地陈述其基本假设（Coase，1937）。任何一种经济理论的成立都离不开相应的假设条件。假设条件的存在决定了经济理论的适用范围。韩雷（2012）指出，经济理论的假设条件中最为重要的两个问题是研究范围的确定和对概念清晰的界定。对于经济学概念，罗宾逊夫人（1932）认为假设条件应满足真实性（Realistic）和可操作性（Tractable）两个特征。通常的假设条件要在完全的可操作性和真实性之间进行取舍。一些假设条件如果忽视可操作性而重视真实性，就会使理论深度不够；而重视可操作性却忽视了真实性，则会成为典型的"黑板经济学"。

新古典经济学的分析方法包含三个基本的核心假设。这三个核心假设主要具有两层含义（孙鳌和陈雪梅，2005）：

第一，是不可反驳的理论内核的一部分。

第二，区别于新制度经济学、马克思主义经济学等的界限标准。具体概括如下：一是经济人假设。假设每个人都是利己的，企业倾向于利润最大化，消费者倾向于效用最大化，即在特定的约束条件下实现最大化。二是完全竞争假设。从"看不见的手"的亚当·斯密再到"自生自发秩序"的哈耶克，无不对竞争有着浓厚的兴趣，市场竞争是最为严格的假设，然而这一假设却遭到新制度经济学家较为严厉的批判。① 三是稀缺性假设。稀缺性假设是新古典经济学的重要基石，正是由于稀缺性的存在人们才会将稀缺的资源用在一个用途上，而必须考虑其在其他用途上的成本——机会成本，这就转化为如何利益最大化既定成本，即效率问题。效率与公平之间的取舍直接影响收入分配的"蛋糕"该如何做大和怎样分配。

新古典的分析方法还派生出诸如完全理性、完全信息、市场出清、不存在制度等辅助性假设，这些假设作为隐含性的前提假设而言，分散在众多的经济学文献之中。根据 Kaldor（1961），可以具体将新古典分析的基本假设条件概括为五个：

假设 1：经济人假设。

假设 2：完全竞争市场假设。

假设 3：稀缺性假设。

假设 4：不存在资本偏向型技术进步。

假设 5：规模报酬不变。

完全竞争市场假设是最为严格的假设（韩雷，2012）。从内涵来看，完全竞争市场假设包含了一系列隐含的辅助假设。例如信息完全、市场出清、交易个体完全理性等假设。从范围来看，完全竞争市场就是排除了垄断，并不存在竞争不充分的情况。Coase（1937）将完全竞争市场进一步概括为不存在交易成本。在这五个假设条件下，新古典的要素收入分配理论研究的是在稳定基础上要素之间的激励问题。假设4和假设5则是关于企业生产特征的描述，其实质是劳动供给变化带来的技术生产结构变动。新古典经济学最为重要的生产函数是美国数学家柯布（C. W. Cobb）和经济学家保罗·道格拉斯（Paul H. Douglas）于1927年提出的柯布—道格拉斯生产函数（简称 C - D 生产函数）。该函数简化了生产关系，说明要素替代率、技术是影响经济效益的主要因素。C - D 生产函数指出，当劳动力的产出弹性系数和资本产出的弹性系数大于1，则存在报酬递增现象，表明生产效率随着生产规模的扩大而提升。当劳动力的产出弹性系数和资本产出的弹性系数小于1，则存在报酬递减现象，表明生产效率随着生产规模的扩大而降

---

① 详细请参见 Noth（1994）、Coase（1973）、Williamson（1985）等文献。

低。当劳动力的产出弹性系数和资本产出的弹性系数大于1，则存在报酬递增现象，表明生产效率随着生产规模的扩大而增加。新古典经济学的生产函数和假设条件研究的对象是要素市场的均衡，尤其要说明的是供需关系决定的均衡价格就是要素应当获得的收入。在五个基本假设条件的基础上，新古典主义的要素收入分配理论主要研究在交易成本为0的情况下，供需关系决定的要素市场均衡价格问题。①

在完全竞争市场条件下，要素市场可以得到完美的均衡结果。此时，要素的边际收益与边际成本相等，实现了效率与公平的相统一。当劳动与资本的替代弹性等于1时，长时期来看要素收入占比不变，出现了典型的"卡尔多事实"。这就进一步说明了市场对要素激励的有效性，实现了对要素的充分激励。然而，新古典经济学的市场有效理论却存在一定问题。首先，要素收入占比从长期来看并非一成不变，很多经验分析都证明了这一点（Blanchard，1997；Bentolila 和 Saint Paul，2003；李稻葵，2007）。供求关系影响均衡，而技术进步和要素替代弹性通过供求关系影响均衡结果，但是替代弹性并不一定等于1，不同时期、不同阶段、不同国家的要素收入分配都会呈现不同的特征。其次，市场是否有效与要素收入占比并不一定存在联系。要素收入占比较低，这并不一定是市场无效的体现，制度、产业等变量也可能发挥重要的作用。新古典主义的要素收入分配理论逻辑如图3.1所示。

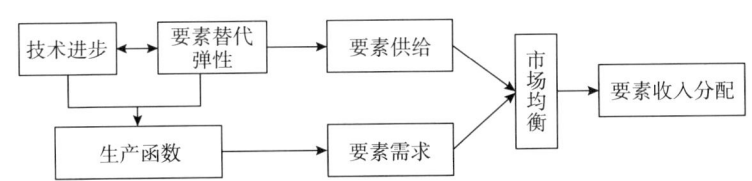

图 3.1　新古典主义要素收入分配理论的逻辑

资料来源：作者自己整理。

3.1.2　新古典主义要素收入分配的影响因素

新古典主义的要素收入分配决定因素包括两个基本的影响因素和其他衍生的

---

①　产品市场的均衡和要素市场实质是一致的，只是彼此的侧重点有所区别。产品市场主要研究的是要素投入一定的条件下，产品生产如何，产品往往多种多样。要素市场研究的是产品一定的条件下，要素间的结构问题，要素通常包括劳动、资本、土地和技术。

因素。两个基本的影响因素是要素替代弹性和技术进步。在价格一定的条件下要素替代弹性和相对的投入是影响要素收入分配占比的决定因素。对于替代弹性而言，当替代弹性大于1时，劳动相对价格提升，劳动收入占比下降；当替代弹性小于1时，劳动相对价格降低，劳动收入占比上升；当替代弹性等于1时，劳动相对价格的变动抵消要素占比的变动。要素的替代弹性是一个纯粹的内生变量，能够对其他变量产生影响。对于技术进步而言，Slow（1956）明确指出，技术进步是决定要素收入分配的关键因素，包括技术进步和技术选择两个方面。存在生产函数$F(K, L, t)$，K和L分别代表资本和劳动，而t则代表技术选择。技术进步的作用具体可以体现为两个方面：①对现有技术的选择，即K和L的搭配选择问题；②对新技术的引进，即t随时间的变化。希克斯（Hicks）在其《工资理论》中创造性地提出，资本对劳动的相对价格下降将会诱使劳动节约型的技术创新，这种有偏的技术进步要通过改变要素间的替代弹性来影响要素间的收入分配。Hicks首次在要素收入分配理论中引入有偏技术进步，Hicks（1939）认为，要素相对价格的变动会导致技术创新的出现，技术创新能够使企业引进更多相对价格较低的要素，即产生有偏技术进步（Biased Technological Progress）。有偏技术进步也会引起要素收入占比的变化（Acemoglu，2003；Peretto和Seater，2007）。

事实上，在Blanchard（1997）将市场因素重新纳入新古典主义要素收入分配理论之前，要素各自的替代关系和有偏技术进步仍在新古典主义要素收入分配理论中占统治地位。Kaldor（1955）指出，要素收入分配并不是收入分配问题研究的重点，无论是劳动力市场上的不完全竞争，还是Kalecki（1938）提出的垄断市场因素，都不是讨论的重点。但从21世纪开始，市场因素开始逐渐上升为要素收入分配理论的中心位置。Bentolila等（2003）在劳动力市场存在纳什议价的假设条件下，将产品市场的垄断竞争引入到理论模型中，对欧洲大陆国家20世纪80年代资本收入占比增加的现象予以解释。他们将影响要素收入分配的影响因素归结为两类：一类是技术因素，另一类则是市场不完全因素。在市场完全竞争条件下，劳动能够按照边际成本取得劳动收入，劳动收入占比与资本产出比存在一一对应的关系，但是一旦不存在劳动收入占比与资本产出占比对应的关系时，就需要从市场的不完全竞争因素寻找原因。Caballero等（1998b）指出，市场上的不完全竞争因素对企业的技术选择也具有重要的影响，企业更倾向于使用价格扭曲较少的要素进行生产，并且更倾向于技术的选择或创造。Spector（2004）专门建立了理论模型，用于分析不完全竞争的产品市场与劳动力议价能力之间的关系。

其他衍生的影响因素包括产业结构变化（Slow，1958；Kongsamut 等，2001；Morel，2005；罗长远和张军，2009b）、垄断（Kalecki，1938；Blanchard，1997；Bentolila 等，2003；白重恩和钱震杰，2009b）、全球化（Harrison，2002；Diwan，2002）等因素。其他衍生的影响因素通常是在对模型推导的基础上，利用相关数据进行经验分析，Kalecki（1938）指出，行业结构是影响（要素）收入分配的一个重要因素。他在对收入分配进行定量分析的过程中，引入了产品市场的不完全竞争因素。他将垄断力定义为价格加成比，并核算了垄断力与要素收入分配之间的关系。新古典经济学却很少涉及市场因素对要素收入分配的影响，究其原因在于经济学家通常关注于劳动力市场中劳资关系的改变对要素分配份额的影响，例如 Henley（1987）、Kalleberg 等（1984）等。遗憾的是，直到 20 世纪末，Blanchard（1997）才将市场因素重新引入新古典要素收入分配的决定模型中。与此同时，一大批经验研究表明，一国内要素收入分配状况以及各国之间的要素收入分配占比的情况差异，在很大程度上与不完全竞争市场因素有间接或直接的关系，例如 Harrison（2002）、Giammarioli 等（2002），等等。事实上，那些 20 世纪五六十年代几乎被遗忘或不被重视的非完全竞争市场因素，现在已经成为学者关注的重点，而要素的替代关系和技术进步慢慢已经演变为控制变量。另外，Brown 和 Hart（1952）将影响要素收入分配的因素概括为两类：一类是技术进步因素，包括技术选择和技术创新；另一类是结构性因素，包括产业结构、市场竞争、政策等。值得注意的是，结构性因素主要从市场扭曲、竞争不完全角度来说明其对要素收入分配的影响。

3.1.3　新古典主义要素收入分配决定论的再思考

新古典的要素收入分配理论具有较为重要的意义，虽然远离现实，但是新古典主义要素收入分配理论凭借其在经验研究上的成功和在模型扩展的优势，使其成为最"科学正确"的要素收入分配理论。新古典主义的要素收入分配理论解释了在市场完全竞争的条件下，能够实现经济的有效运行。North（1994）曾指出，新古典经济学一方面不重视制度的重要性，另一方面忽视了时间。总体来看，新古典主义的要素收入分配在以下五个方面有待于进一步完善：

第一，完全竞争市场的假设过于苛刻，与现实矛盾较大，应用的范围过窄，比较适合作理论研究和数理分析，但是用于分析现实问题则较为复杂。对于一个人来说，他不一定是"经济人"，并不一定什么问题都会利己。新古典经济学也面临着滥用数学的问题，常常把简单的问题复杂化、模型化，过度重视模型的推理。正如西蒙（2009）指出的那样，把越复杂的模型解释成在实证上越正确的观点，本身就是一种谬误。

第二，新古典经济学并不重视要素收入分配。新古典主义重视完全市场竞争，并把现实抽象成完全市场竞争的情形，因而在有效市场条件下，要素的边际收入等于要素的边际成本，完美均衡自然形成。这就间接地表明，任何一种要素投入多少，都不会影响最终的市场效率，因为要素替代弹性为1。换言之，在新古典主义理论中，收入分配并不重要。最终形成的结果就是，古典经济学对收入分配的重视转为了新古典经济学对收入分配的忽视。

第三，新古典经济学过度强调市场的有效性。技术进步能够改变要素的供给和需求，从而影响要素收入分配格局，但是却并不会带来市场的实效。其他外部因素也可能影响收入分配，但是并不能说明市场实效，这本身就是倒果为因。

第四，新古典主义的要素收入分配理论强调工人工资的上升会降低资本家的利润回报，有利于为资本主义制度进行辩护，对于分析资本主义发展具有一定的积极意义，具有强烈的"政治"信号，可能导致过度重视某种要素的极端分配格局，把它作为指导中国社会主义市场经济的基础明显不符合实际。

第五，新古典主义的要素收入分配理论不适合分析企业内部的要素收入分配问题。新古典主义将企业看成一个投入—产出的"黑匣子"，过度强调要素替代弹性、技术进步等因素对要素收入分配的问题，并不重视内部劳资关系的研究，忽视了企业内部一系列制度，尤其是劳资之间合约、权利等关系的问题，而新古典所忽视的问题恰恰是现实中重要的问题。因此，利用新古典主义的要素收入分配理论最终得到的结果可能是片面的。

综上所述，对于新古典经济学来说，对收入分配的研究是一个次要问题，更重要的是在完全竞争市场中，均衡的实现是一个长期的、自发的过程。简单地应用要素收入分配并不能达到理想的效果，新古典经济学并不重视要素收入分配。对于现实世界而言，存在交易成本，要素的收入分配理应是一个非常重要的问题。联系实际，从权利配置分析要素收入分配问题将提供一种合理的解释。

第3章 权利配置影响企业要素收入分配的理论基础

3.2 权利配置影响企业要素收入分配的理论溯源和分析层次

新古典经济学对要素收入分配的研究存在一定的局限性,并不重视企业内部的劳资关系问题,而企业内部的劳资关系恰恰是现实中必须考虑的问题。劳动者和资本家通过契约联系在一起,资本家可以通过与劳动者签订合约来获得员工提供的劳动,因而威廉姆森、哈特等学者特别强调企业制度对员工的作用。新古典经济学的假设条件也存在一定的问题,导致新古典经济学成为"黑板经济学",需进一步放开交易成本假设。从企业内部资本和劳动相互间的权利配置来研究(企业)要素收入分配问题是本书的理论基础。

3.2.1 权利配置理论溯源

新古典经济学强调市场的完全竞争,从长期来看,依靠市场机制各种生产要素可以自发实现价格均衡,从而获得均衡的定价。然而,由于交易成本(Transaction Costs)的存在,制度便不能像新古典经济学描绘得那般无足轻重,企业也不会仅是一个投入—产出的"黑匣子"。新制度经济学指出,制度在收入分配中起着关键性的作用。正如诺斯(1980)指出,人类发展的各种合作和竞争的形式及将人类活动组织起来的那些规章制度,不仅阐明了指导和决定经济活动的激励制度和抑制制度,而且决定着一个社会基本的福利和收入分配。制度提供了生产要素的激励框架。产权是制度的法律表现形式,每个人对自己的财产都有明确的所有权、占有权、支配权和使用权等。居民拥有对某一事物的产权,则等同于拥有了决定该物品如何应用、如何获得收入的权利。个人拥有了对物品的产权,也可以对物品进行转让和处置,产权反映了个人对物品用的一系列权利,这些权利的集合就构成了个人对物品的产权。这些权利的集合使产权具有了约束、资源配置、激励和协调的功能。North(1994)指出,制度是人类设计出来的构成人际交往的一系列约束条件。它们由一系列正式约束条件(如法律、法规、规章制度)、非正式约束条件(如行为准则、习俗以及自我限定的行为准则)和它们的实施特征组成。制度是组织之间的博弈规则,决定了人与人之间在社会领域、经济领域和政治领域的激励。① 制度构成了人们在生活中拥有的权利和义务，构成了社会活动的激励框架。产权和制度依靠权利联系在一起。产权可以看成一系列权利的集合，而制度则是人与人之间、要素与要素之间的博弈规则，起到了约束与激励的作用。产权需要制度来进行规范和界定，而制度的背后则是一系列权利之间的配置。因而，产权决定了分配，而不同权利的配置决定了不同的分配制度。

本书强调的是权利的配置而非权力的配置，在这里有必要对权利和权力进行区分。权利的英文译文为"Right"，权力的英文译文为"Power"。《现代汉语词典（第五版）》对两者的意义进行了阐释："权力，政治概念，具有两层含义：其一是指政治上的强制力量，其二是指职责范围内的支配力量。""权利，法律概念，通常指公民或法人依法行使的权力和享受的利益。"权力通常与高压政治等级制度、权威相近，因而常见于国外的一些文献多次提及权力（Power）置于经济制度、民主问题的分析之中。Bowles 和 Ginits（1986）就谈及了从权力（Power）角度理解民主问题，他们指出，所谓的人民主权是指权力（Power）对于那些因形式权力而受影响的人民是负有责任的，并且在某种意义上对于这些人中每一个人是负有同等责任的……发达资本主义自由民主政体经历的种种经济困难不是消费需求不足的症状，必须重新分配权力本身，以便为生产和消费提供新的民主模式。② 资本主义经济授予资本三种类型的权力：企业对生产控制的权力、所有者形式对投资控制的权力和所有者对国家经济政策施加影响的权力。Bowles 等（1985）对权力的定义是：如果 A 通过让 B 付出代价（或者威胁要这么做）的手段，迫使 B 按照有利于 A 的方法行动，那么 A 就对 B 拥有权力。这种权力更具有阶级性，涉及人和团体的等级不平等等问题。因此，权力（Power）更偏向于政治概念，更倾向于经济制度层面的概念，而权利（Right）则是在权力（Power）框架下，关注人与人、要素与要素之间享有的利益分配。

马克思主义经济学和新制度经济学都重视权利配置的作用。马克思把经济系统的经济活动分为四个部分：生产、分配、交换、消费。生产是最基础的，它是经济增长的源泉和动力，人类的一切产出都是基于生产的多少。没有生产，就不会有产出；没有产出，人类也就无法生存；如果产出不进行分配，那么再生产就会停滞；产出的分配是为了进行交换和消费，交换是为了实现消费的多样性，而

---

① 诺斯. 制度、制度变迁与经济绩效 [M]. 北京：上海三联书社，2008.
② 塞缪尔·鲍尔斯，赫伯特·金蒂斯. 民主与资本主义 [M]. 北京：商务印书馆，2012：8－12.

第 3 章 权利配置影响企业要素收入分配的理论基础

消费是生产的最终目的。在这里我们只把经济系统的活动分为生产和分配是基于交换和消费属于个人决策,在分配完成之后,每个人都会根据自己的需要进行消费或与其他人进行交换。只要分配好了,后面的交换和消费都由个人根据效用最大化来进行决策。生产分为投入和产出两个阶段,投入的生产要素具体可以分为劳动(主要是指人力资本)和资本(主要是指物力资本)①,马克思从社会整体和历史演进的角度,阐述了消费品分配是生产资料和社会关系分配的前提,其实质是历史演进中权利的分配,即权利配置。新制度经济学也提出了类似的观点,新制度经济学强调单个合约的权利结构而非社会整体的安排。在交易成本存在的条件下,Coase(1937)最先强调了权威对生产和分配的决定性作用。张五常(1983)认为,市场只不过是不同的要素合约和权利约束的集合。Williamson(1985)从合约治理的结构和配置角度,分析了对要素分配的激励安排。综上所述,虽然马克思经济学和新制度经济学的研究角度不同,但是都认为权利配置对要素具有关键的激励作用。

权利配置决定分配与生产决定分配具有一致性。权利的清楚界定是市场交易的前提,决定了要素之间的分配。任何一个经济系统都至少包括两项任务:生产和分配。经济系统中的个体通过提供各类生产要素(如劳动、资本、技术、管理)参加经济系统的生产过程,对于只拥有劳动要素的个体可以通过提供劳动来获得产出;对于拥有劳动、资本、技术、管理等多种要素的个体,可以自由选择提供一种或多种生产要素来获得产出;经济系统将产出的一部分在参与生产的各种要素之间进行分配,一部分用于保障所有个体基本生存和发展的权利,另一部分用于促进再生产。权利配置决定分配与生产决定分配是相一致的,如图 3.2 所示。

权利配置是理解公正分配的关键。公正分配包含两层含义:第一层是公平分配,第二层是正义分配。马克思主义的要素收入分配理论主张按劳分配,其实质是"各尽所能,按劳分配",这种按要素贡献大小分配的方式虽然看似公平,却未必公正。公平分配仍可能产生过大的收入差距,必须结合正义分配才能保持合

---

① 这里主要是以人为本的劳动和以物为本的资本,例如可以把土地归为资本要素,而技术和管理都是人创造的,因此将之视为劳动是合理的。严格来说,劳动也可以算是资本,按照费雪对资本的定义——能够带来收入的都是资产,而资本是资产的市场价值。现代经济学中也有人力资本的概念,因此可以把劳动归为资本,而本书把生产要素分为劳动和资本主要是基于劳动是人创造的,人具有主观能动性,能够思考,能够创造文化,能够改造世界;而物并没有主观能动性,它是被动的,它们的改变是基于人的主观劳动。因此,马克思的劳动价值论可以理解为积极劳动创造的价值,而资本创造的价值是消极价值。这也是按劳分配思想的主要来源。

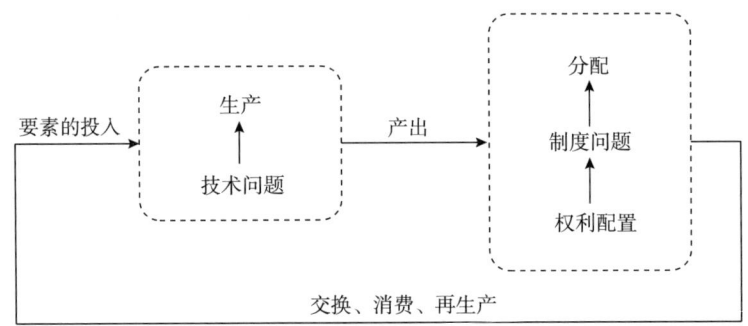

图 3.2　市场经济中的投入与产出

资料来源：作者自己整理。

理的收入差距（刘长庚和江剑平，2015）。正义分配要求不断满足人民群众日益增长的物质文化需求，并合乎最少受惠者最大的利益，这一点符合罗尔斯在《正义论》中阐述的观点。因而，需将保障公平分配转向保障公正分配。产权决定了分配，收入分配制度决定了劳动者的权利配置，因此公正分配的核心是权利配置。权利配置合理，分配就公正；权利配置不合理，则易引发一系列社会矛盾和问题。

不同制度下的权利配置形式也会有所差别。自由资本主义国家强调市场竞争，信奉私有产权，权利配置主要体现为平等地参与市场活动以及个人收入的获得。福利资本主义国家强调社会保障，权利配置更多地体现了保障社会成员福利和生活，确保居民获得收入。社会主义国家强调和谐、合作、共同富裕，权利配置更倾向于给予居民公平地获得收入和共享收入的权利。

3.2.2　权利配置理论的假设和分析层次

新古典经济学强调市场完全竞争性，假设了一个没有交易成本的世界，忽视了制度的重要性，最终导致新古典经济学成为"黑板经济学"，更符合现实世界，使权利配置理论更能解决现实问题，必须放松对新古典经济学的假设。对以下五点必须进行说明：一是本书的假设不一定完全与现实条件相一致，但是为保证分析的真实和准确性，尽可能地使假设条件更加贴近现实。二是假设条件不能够太过于理想化，完全理想化的假设无法应用于现实。三是在新古典经济学假设的基础上，对相关假设进行改动，降低改动的成本，并更加科学。四是新古典的边际分析方法得到的市场均衡仍适用，即边际成本等于边际收益。五是本书重点

第3章 权利配置影响企业要素收入分配的理论基础

对新古典分析方法的假设 1 和假设 2 进行修改。同时,强调本书的假设并非意味着所有人的行为都与理性选择相一致。基于上述内容,本书提出权利配置理论的三个基本假设条件:

假设 1:个体存在有限理性(Bounded Rationaltiy)。主要对新古典分析方法的假设 1 进行修改。西蒙(2009)认为,新古典提出的完全理性假设与事实并不相符,如果人是完全理性的,那么经济问题对个体而言已经是一连串简单的数学问题,人也并非完全利己,这与事实并不相符。就像西蒙(2009)指出的那样,现实中的个体并不都是利己主义,甚至存在大量的利他主义。有限理性不仅考虑到个体的个性,而且是在一定条件下的最优化选择。

假设 2:存在交易成本。新古典分析方法强调市场完全竞争,认为社会是一个无摩擦的社会,在这种社会中,制度不存在,通过市场机制进行配置,而并不存在交易成本和不确定性,很显然,这条假设与现实存在差异。新古典的分析方法中,交易成本的定义符合现实,虽然对交易成本的定义不同,[①] 但是承认交易成本不仅与现实更加吻合,而且是对传统理论的一种修正(North,2008)。

假设 3:存在机会主义。机会主义用于平衡"经济人假设"与"有限理性"。在有限理性条件下,个体的特征对于决策行为的影响巨大,机会主义对个人的特征进行了限定。个体特征更多地体现了有限理性的利己行为。

权利配置分析把要素收入分配划分为两个层次:一个层次是对宏观要素收入分配的分析;另一个层次是对微观要素收入分配的分析。对于宏观层次的分析:将经济系统看作一个整体,是一个生产和分配的系统。权利配置围绕生产制度和分配制度展开,通常基于宏观层面数据,例如《中国统计年鉴》《中国经济普查年鉴》《中国国内生产总值核算历史资料等》数据,用于分析对宏观层面的劳动、资本等要素收入分配的影响。对于微观层次的分析:主要用于对个人或企业进行分析,通常基于实地调查数据或者企业微观层面数据,用于分析或企业的要素收入分配情况。本书主要研究微观层次,即权利配置对企业层面的劳动、资本等要素收入分配的影响。

---

① Coase(1937)将交易成本定义为合约签订和履行的成本;张五常(1983)则把交易成本定义为制度运行的成本;North(2008)指出,交易成本包括衡量交换物价值的成本、保护权利的成本以及监管与实施契约的成本。

3.3 权利配置影响企业要素收入分配的分析框架

新古典经济学在研究要素收入分配的影响时,将企业看成一个负责投入—产出的"黑匣子",因而忽视了企业内部的劳资关系,恰恰企业内部的权利配置是重要而且不能忽视的。刘长庚和韩雷(2012)从经济系统出发,将宏观层面的权利配置维度抽象为参与权、收入权和保障权。在现有研究基础上,本书进一步将权利配置引入对微观企业的要素收入分配的影响分析中。

3.3.1 权利配置的分析维度

到底是什么原因影响了企业内部的要素收入分配?新古典经济学强调市场的完全竞争,从长期来看,劳动、资本等生产要素可以自发形成均衡的收入,但现实世界并非完美,由于交易成本、异质性、讨价还价等问题的存在:一方面,资本方会尽可能地压低员工获得劳动收入,出现利润侵蚀工资问题;另一方面,不同所有权性质企业、行业的要素收入不尽相同,劳动者并不总能获得均衡的劳动收入。马克思从社会整体和历史演进角度阐述了生产资料分配和社会关系分配,对资本家剥削劳动者的问题进行了深刻的分析,认为资本雇佣劳动的目的在于榨取剩余价值。应该看到,劳动者实际获得真实的劳动收入必然与基准(Benchmark)的劳动收入有所偏差,且存在较大差异,这种"异质"的分配结果并不能完全由劳动者的个体特征解释,而企业内部收入分配的不平等问题很大程度上是由于员工或劳动者本应享有的一些权利被剥夺或损害而造成的。在这点上,Coase(1937)强调权威在企业分配中的重要作用;Hart(1988)认为,谁拥有对资产支配的权利,谁就能理所应当地拥有分配的剩余控制权;Bowles 等(1985)更加直接的指出,统制[①]是经济关系中的重要维度,它是理解工人和雇主、企业之间关系的一个非常重要的决定因素。因此,这一问题就转变为企业作为一个整体内部的权利该如何分配,即权利配置问题。在企业框架内,企业和员

---

① Bowles 等(1985)定义的统制是指经济关系中的权力、高压政治、等级制度或是权威,这是分析经济制度的三个维度之一。

工之间的权利配置在要素收入分配中发挥着非常重要的作用。 权利配置反映了劳资双方在企业框架内能够获得的各种权利、制度安排、生产资料等集合的能力强弱。企业内部的权利配置能够转化为各种收入模式,对要素形成了不同的激励,决定了企业内各种要素的收入。在企业内部权利一定的前提下,劳动者与资本方会共同对各种权利进行分配,如果资本方拥有的权利集合强于劳动者,内部收入分配会偏向于资本方,导致资本方获得的收入相对偏高,而劳动者获得收入相对偏低;如果劳动者拥有的权利配置集合强于资本方,内部收入分配会偏向于劳动者,员工则具有更强的讨价还价能力,使其获得相对较高的收入。因此,企业内部收入分配格局的形成要通过要素间的权利配置来决定。正是由于要素间,尤其是资本和劳动间的权利配置存在差异,最终形成了企业内各种要素的分配格局。对资本方而言,占有收益的分配方式之一就是充分利用自身拥有的强势权利配置尽可能压低劳动者获得的收入,从而达到攫取员工剩余和降低成本的目的。企业收入分配制度的主要问题在于内部权利配置不当,这正是分析当前中国企业收入分配制度的基本框架(刘长庚等,2013)。

个人通过提供劳动、资本、管理等各种生产要素能够参加企业经济活动的生产过程,对于只提供劳动要素的个体可以通过提供劳动来获得相应的产出;对于拥有劳动、资本、管理等多种要素的个体可以选择提供一种或者多种要素来获得产出。企业将产出的一部分根据各要素的贡献进行分配,一部分用于各要素的分配,获得相应的要素收入,一部分则用于保障要素拥有者的基本生存和基本发展的权利。因此,根据刘长庚教授主持的国家社科基金重大项目"我国收入分配体制改革动态跟踪和效果评估研究"(12&ZD049)前期研究成果(刘长庚和韩雷,2012;刘长庚等,2013;韩雷和许明,2013;刘长庚和许明,2014),企业内部权利配置可以抽象为三个最基本的维度:参与权、收入权、保障权。

(1) 参与权的维度。参与权是指经济个体参与经济系统生产过程的权利配置。在进行生产和分配之前,何种要素参与生产是首要问题。根据新古典经济学的完全竞争市场理论,在市场机制下,每一类生产要素平等地参与市场竞争和分配,最终实现资源的优化配置。对于个体而言,每一个体都至少控制劳动、资本等一种或多种要素,赋予个体相应的参与权,就能够保障个体通过要素投入公平

---

① 马克思经济学和新制度经济学都重视企业内各种权利的分配,即权利配置的重要性,只是两者对权利配置影响收入分配的角度不同。马克思侧重解释历史长期的、纵向的制度演变,认为权利配置随着生产力发展而变化,并影响生产力发展;新制度经济学则侧重解释当期的、横向的不同合约,更为重视不同类型合约的权利配置,认为交易类型和合约治理模式要匹配。

地参与竞争、公平地参与分配,进而实现要素的价值最大化。参与权包含两方面的内涵:①各种要素能够通过参与权平等地参与竞争和获得相应的收入;②参与权是规范各要素参与分配的起点。

(2) 收入权维度。收入权是指经济个体进入经济系统获得收入的权利配置。企业内的个体通过利用各种要素进入生产系统,并通过要素的投入为生产做出了对应的贡献,因而各种生产要素理应获得相应的收入。根据马克思的劳动价值论和剩余价值理论,劳动创造价值,劳动者付出了相应的劳动,理应获得与其付出相等的收入报酬,在分配过程中要更加注重劳动的分配。资本、技术等要素的投入,应按其贡献获得相应的收入。收入权的内涵包括三个方面:①要素参与生产,理应获得对其贡献相匹配的收入报酬;②企业内部的收入由参与生产的各种要素共同享有;③根据要素贡献的大小进行分配更能激励个体参与生产的积极性。

(3) 保障权维度。保障权是指经济系统保障所有经济个体基本生存和发展的权利配置。企业获得收入的另一部分要用于企业内个体的基本生存和发展。通过给予员工相应的医疗、养老、失业等保险,使员工能够免予生活的后顾之忧。企业通过保障个体的基本生存和发展的权利,就是员工理应享受的保障权。保障权的内涵可以概括为以下三个方面:①保障权要保障企业内个体获得最基本的生存和发展的权利;②保障权的目的是保障企业内部要素收入分配的结果公平,理应对弱势的个体给予更充分的保障;③保障权具有普遍性和充分性,既强调广覆盖,又要保障个体获得权利的充分性。

权利配置的"三权"理论将马克思的劳动价值论、剩余价值论和新古典经济学的完全竞争理论有机地结合起来。马克思认为是劳动创造了价值,剩余价值的分配要以劳动为主体,而权利配置理论更加强调分配过程中注重对劳动的分配。新古典经济学强调完全竞争,"三权"中的参与权也强调所有要素都有平等参与经济系统生产过程的权利。权利配置更强调以人为本,更倾向于劳动和保障弱势群体的利益。通过对企业内部权利的合理配置,基本实现了起点公平、过程公平和结果公平的统一。参与权强调在起点平等地参与竞争,收入权强调过程公平、合理,保障权保障分配的结果更加公平,从权利配置视角更能体现企业内部效率与公平的统一性。

3.3.2 权利配置发挥的作用机制分析

平等的参与权能够实现要素和市场的充分竞争。经济个体有自由、平等参与

第3章 权利配置影响企业要素收入分配的理论基础

经济系统的权利。企业内部的生产要素也能够平等地参与分配,只有要素都能够同时参与,这样的制度才不会违背市场经济的一般规律。市场具有四个重要特征:私有产权、竞争、价格、利润。Coase(1937)认为,清楚的权利界定是市场交易的前提,某一资产的界定归属至关重要,否则该资产就容易被滥用,造成租值消散,出现"公共地悲剧"。竞争是市场经济最显著的特征,如果某个行业只有一个企业,只要不是其他企业无法进入,那么它仍然属于竞争性的市场,竞争不是看企业的数量多寡,而是看企业进入是否有门槛,是自然形成的门槛还是政府赋予的行政门槛。如果是前者,只要进入该行业有利可图,那么在一定时间内总会有企业想出新的办法来进入;如果是后者,那么企业要进入该行业就不得不去跟政府和官员尽量搞好关系。赋予企业内部各要素平等参与分配的权利,能够与其平等参与生产相匹配。赋予个体平等的参与权具有两层含义:一是给予企业平等参与市场竞争的权利,不会因为行业、所有权性质的差异而限制进入市场,打破行政上的垄断,保障企业能够平等地进行市场活动,激发企业家创业热情,参与市场资源配置。二是企业内劳动、资本、技术等要素平等参与生产与分配,资本方与劳动者要平等地获得收入,防止资本侵蚀劳动行为。党的十八届三中全会强调要发挥市场在资源配置中的决定性作用,就是从宏观层面降低政府对市场的干预,通过提高平等的参与权,让更多民营企业参与竞争,释放市场活力,保障企业内部各要素平等地参与企业活动,最终实现充分竞争,释放市场活力。

共享的收入权能够有效提高劳动者获得的收入。如果无法保障劳动者获得的收入,劳动者获得的收入就会很低,按劳分配的主体地位就会无法保障。对于工薪阶层来说,收入来源和渠道单一,劳动收入不高,而劳动收入又是最主要的收入来源。增加劳动者的工资收入和进一步扩大其收入来源和范围,例如增加劳动者对利润的分红权,就是有效保障劳动者收入权的形式。市场竞争并不能完全保障普通劳动者的收入权,政府干预也只能是在有限的范围内保障普通劳动者的收入权,如国有企业、事业单位、政府机关等。在一般的民营企业,要实现劳动收入占主体地位几乎不可能。资本雇佣劳动、资本回报率大于劳动回报率成为常态,普通劳动者被排除在利润分享之外,因而需要进一步保障劳动者的收入权。收入权是共享的收入权,通过扩大劳动者获得收入的来源。企业内的所有员工对企业拥有一定的产权,劳动者联合体应与人力资本、物资资本一样,共同参与企业的利润分配,有些贡献由于无法区分,应当采取平均奖的形式进行发放。通过共享的收入权,可以直接提高员工获得的劳动收入,有效降低资本收入,从而调节企业内部要素间的收入分配格局。

充分的保障权能够有效缩小企业内部要素间的收入差距。保障权主要是保障劳动者基本生存和发展的权利。如果企业内的个体能够享受到的基本生存和发展的权利越多,那么这个企业就基本实现了比较充分的保障权。在企业内部,实现充分保障权的主体是政府和企业。一方面,政府通过税收、转移支付、社会保障等手段为全体居民提供基本公共服务,让全社会共享改革发展成果;另一方面,企业保障员工能够获得政府提供的保障,并提供相应的教育技能培训等。充分的保障权的实现将会提高员工的幸福感,免除劳动者生活的后顾之忧,进一步缩小劳资之间的收入差距。

3.3.3 不同权利配置下的要素收入分配格局

参与权、收入权、保障权构成了权利配置的三个维度。分析权利配置对要素收入分配格局影响的前提是要分析不同权利配置组合的效果,在此基础之上才能进一步分析权利配置对要素收入分配格局的影响。由于权利配置包含三个维度,权利配置的大小可以用三维立体空间图表示,如图3.3所示。

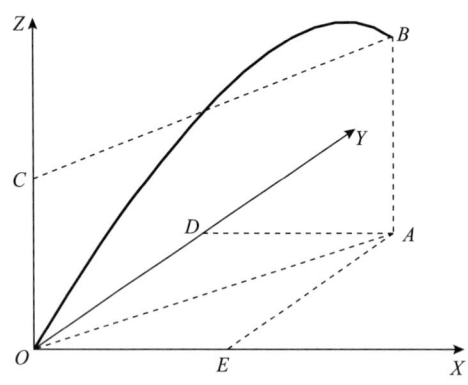

图 3.3 权利配置的空间分解

注:OZ轴代表保障权维度,OX轴代表参与权维度,OY轴代表收入权维度,下同。
资料来源:作者自己整理。

根据图3.3可知,OC代表劳动者(员工)的保障权大小,OE代表劳动者的参与权大小,OD代表劳动者的收入权大小,OB代表劳动者拥有的权利配置在三维空间中实际形成的综合效果。随着劳动者获得的参与权、收入权和保障权提高，权利配置的综合效果 OB 则提高；当随着劳动者获得的参与权、收入权和保障权降低时，权利配置的综合效果 OB 则降低，如图 3.4 所示。

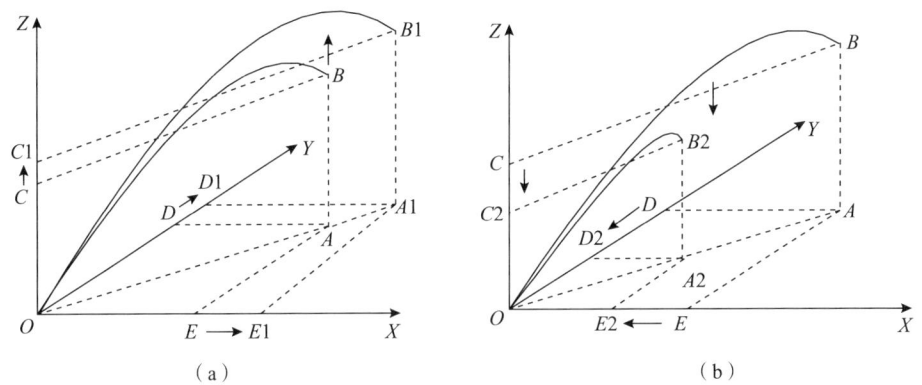

图 3.4 权利配置综合效果的变动

注：箭头方向代表移动方向。
资料来源：作者自己整理。

图 3.4 清晰地描述了权利配置的综合效果的变动过程。图 3.4（a）描述了劳动者获得的权利配置综合效果提升的过程。随着劳动者拥有的参与权从 OE 提高至 OE1，收入权从 OD 提高至 OD1，保障权从 OC 提高至 OC1，最终使劳动者获得的权利配置效果从最初的 OB 提高至 OB1。图 3.4（b）描述了劳动者获得的权利配置综合效果提升的过程。随着劳动者拥有的参与权从 OE 降低至 OE2、收入权从 OD 降低至 OD2，保障权从 OC 降低至 OC2，最终使劳动者获得的权利配置效果从最初的 OB 降低至 OB2。现实生活中，还存在企业内部员工某一维度缺失的情况，可能只具有参与权或控制权，但是却没有保障权。本书进一步分情况讨论了某一维度权利缺失形成的权利配置综合效果，如图 3.5 所示。

图 3.5（a）描述了只有参与权和收入权时，劳动者获得的权利配置综合效果 OG；图 3.5（b）描述了只有参与权和保障权时，劳动者获得的权利配置综合效果 OM；图 3.5（c）则描述了缺少参与权时，劳动者获得的权利配置综合效果 ON。从图 3.5 可知，缺少任意维度的权利，最终形成的效果都是使劳动者获得的权利配置（OG、OM、ON）低于三个维度都存在使所形成的权利配置综合效果 OB（见图 3.5）。进一步地，当只存在一维度的任意权利配置时，所得到的权

利配置综合效果不如具有两维度和三维度的权利配置效果。

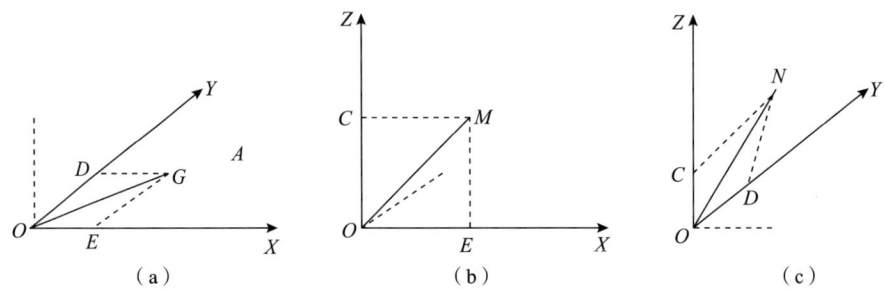

图 3.5 两维度权利配置综合效果

资料来源：作者自己整理。

权利配置对要素收入分配的影响效果已经在 3.3.2 进行了阐述，在权利配置综合效果分析的基础上，本书通过将权利配置进行排列组合，从理论上分析权利配置对企业要素收入分配的具体影响效应，如表 3.1 所示。

表 3.1 不同权利配置对企业要素收入分配的效果评估

分类	参与权	收入权	保障权	综合效果	劳动收入占比	资本收入占比
a	0	0	0	—	—	—
b	0	0	1	★	▲	▲▲
c	0	1	0	★	▲▲	▲
d	1	0	0	★	▲	▲▲
e	0	1	1	★★	▲▲▲	▲
f	1	0	1	★★	▲	▲▲▲
g	1	1	0	★★	▲▲	▲▲
h	1	1	1	★★★	▲▲▲▲	▲

注：★和▲的个数表达了相对值的大小。

资料来源：作者自己整理。

表 3.1 从理论上评估了不同权利配置组合对企业要素收入分配的影响。从综合效果来看，权利配置维度越多，则形成的综合效果越大。从定量来看，三维度权利配置形成的综合效果高于两维度；同理，两维度权利配置形成的综合效果高于一维度。然后，从权利配置组合来分析，对于分类 a，企业内部既不提供劳动

者参与权和收入权，又不提供保障权，劳动者无法获得最基本的权利，没有相应的激励框架，不能吸引相应的员工为企业工作，导致企业不会存在。对于分类 b，只提供给劳动者基本的保障权，而没有参与权和收入权，这样的企业成为"懒人的天堂"，由于员工无法获得收入权，导致"坐吃山空"的情形出现，这样的企业也不会长久存在；对于分类 c，只存在收入权，而没有参与权和保障权，虽然提供了劳动者参与企业生产和分配的激励，但是会逐渐出现"抢功"或劳动无法评价的问题；对于分类 d，只给予劳动者相应的参与权，却没有收入权和保障权，这样的企业大多采用机器进行生产，劳动的收入无法提供保障；对于分类 e，企业只提供了劳动者收入权和保障权，却没有提供劳动者参与权，劳动者能够依靠自己的劳动获得收入和享受日常生活的保障，但是由于缺乏参与权，就无法保障参与分配和生产的公平性；对于分类 f，企业提供了劳动者参与权和保障权，没有提供收入权，而收入权对劳动者至关重要，虽然可以公平地参与生产和分配，享受相应的基本的生存和发展的权利，但是却无法获得相应的收入，不利于劳动收入占比的提升；对于分类 g，企业能够提供劳动者获得相应的参与权、收入权和保障权，能够保障劳动者获得收益的权利，此时有利于劳动收入的提升，虽然整体效果很高，但是并不一定代表这样的企业内的要素收入分配结果最完美，还要具体问题具体分析，但这种结果却是社会所追求的。最后，在分析权利配置组合的基础上，对企业内部要素收入分配格局的影响结果请参照表 3.1。

3.4 本章小结

新古典主义并不适用对企业要素收入分配问题的研究，首先，其研究假设过于理想化，并不符合现实。其次，新古典主义将企业看作投入—产出的"黑匣子"，忽视了企业内部劳资之间关系的研究。本书在此基础上，对权利配置的理论基础以及其对企业内部要素收入分配的影响进行分析。从权利配置视角研究企业内部收入分配问题不仅更加符合现实，而且为相关研究提供了崭新的视角，构建了本书的理论基础。接下来，在此理论的基础上，本书将对权利配置影响企业内部要素收入分配进行实证分析（见第 5 章、第 6 章），运用科学的计量方法对该理论做进一步的实证检验。

第4章 中国企业要素收入分配的测算

要研究中国企业要素收入分配问题，先对中国企业的要素收入分配格局有一个较为清晰的了解和认识。目前，从企业层面对要素收入分配格局进行测算的文献较少，为了更为准确和清晰地研究中国企业要素收入分配问题，本书在最大程度利用现有数据的基础上，对中国企业要素收入分配的格局进行测算。本章主要包括四个方面内容：①测算要素收入分配的数据来源；②企业要素收入分配的层次与测算方法；③企业要素收入分配的测算及趋势分析；④关于中国企业要素收入分配变迁的总结与分析。

4.1 数据的来源与处理

4.1.1 数据来源

测算企业要素收入分配的数据来源于 1998～2007 年中国规模以上工业企业微观调查数据库。中国工业统计数据库是国家统计局对各省、自治区、直辖市统计局和国务院各有关部门的综合要求，各地区和各部门按照全国统一规定的统计范围、计算方法、统计口径和填报目录，根据国家统计局拟订的工业企业报表制度的内容，组织实施，按时报送。中国工业统计数据库的特点是，统计指标比较多，统计范围比较全，分类目录比较细，准确程度要求高。由各省、自治区、直辖市统计局和国务院各有关部门报送给国家统计局。

中国工业企业数据库的统计是基于国家统计局的"规模以上工业统计报表统计"整理而成。数据库的统计对象为规模以上工业法人企业，包括全部国有和年主营业务收入 500 万元及以上的非国有工业法人企业，与《中国统计年鉴》的工业部分和《中国工业统计年鉴》的覆盖范围一致，区别是本数据库是企业层面的原始数据,而"年鉴"是按不同维度得到的加总数据;工业口径是按"国民经济行业分类"中的分类标准,分为"采掘业""制造业"以及"电力、燃气及水的生产和供应业"。包括国有企业、集体企业、股份合作企业、联营企业、有限责任公司、股份有限公司、私营企业、其他内资企业、港澳台商投资企业、外商投资企业。工业统计指标包括工业增加值、工业总产值、工业销售产值等主要技术经济指标以及主要财务成本指标和从业人员、工资总额等,每个企业包含100多个变量。1995~2009年,共收录了中国43万多家工业企业,占中国工业总产值的95%左右,覆盖了中国工业40多个大类、90多个中类、600多个小类,每个企业提供上百个变量,是目前国内最全面和权威的企业层面数据。该数据库是我国经济学和管理学研究领域的重要资料,已有很多学者利用该数据库做出了非常有价值的研究成果。受数据本身的限制,国内拥有该数据库的研究机构还不多,因此该数据库在研究领域有广阔的应用前景。

选择中国工业企业数据库的原因主要有以下三点:

(1)该样本数据集大,观测值多,包含了采矿业、制造业和燃气供应业等行业数据。经统计,1998~2007年进入样本库的观测值个数共计2224381,统计行业对应于国民经济行业分类与代码(GB/T4754—2002)中的代码13~43共30个行业所有制造业企业,① 该数据库是目前可获得的最大的企业层面微观数据库,非常具有代表性。

(2)该样本数据集中所包含的指标全面,主要包括企业基本信息和基本的财务指标共100多个,涉及了与企业财务、基本情况有关的几乎所有指标。

(3)由于使用面板数据,使该样本既包含了时间维度,又包含了个体维度,能够有效地克服个体异质性问题,保证估计的一致性和准确性。

4.1.2 数据处理

由于本书使用样本年度跨度时期较长,需要对工业企业数据库进行详细的合并整理工作。中国工业企业数据库具体存在样本匹配混乱、指标缺失、指标大小异常等缺陷(聂辉华等,2012),对工业企业数据库的整合和处理是一项非常复杂的工作,很多研究也做了类似工作(Brandt等,2012;Yang等,2013)。简而概之,本书主要基于以下原则对样本进行了处理:

---

① 我国《国民经济行业分类》(GB/T 4754—2002)中并不包含行业38。

（1）构建面板。以法人代码为基准进行企业匹配，识别的原则是出现同一代码、不同名称或同一名称、不同代码的企业往往其他信息也不同，即为不同企业。处理面板的基本思路是，先利用法人代码进行识别，如果法人代码对应不上，则利用企业名称进行识别；如果企业名称不匹配，则利用"地区+法人代表姓名"进行匹配；如果依然匹配不上，则使用其他信息进行匹配。在 Brandt 等（2012）工作的基础上，本书克服其匹配方法导致的过宽问题，即容易使不同的企业匹配为相同的企业。① 因此，本书采取其他信息识别的方法是"地区代码（县）+电话号码+成立年份"。基于以上匹配思路，本书分三步构建面板数据。

第一步，对连续两年的数据进行匹配。根据处理面板的基本思路，对连续两年的数据进行匹配，将没有匹配上的和匹配上的企业组合在一起，生成连续两年的非平衡面板数据。

第二步，对连续三年的数据进行匹配。有的企业原始数据可能缺失中间几年，但是并不一定这一企业这几年没有数据，而是可能由于某些匹配的信息缺失或者改变了。本书基本处理思路，如果对于 A 企业，它第一年没有跟任何企业进行匹配，B 企业在第三年与 A 企业进行了匹配，而 B 企业第二年又与 C 企业进行了匹配，那么就可以将 A 企业、B 企业、C 企业看成同一企业，这样就可以生成连续三年的平衡面板数据。

第三步，生成连续 10 年的平衡面板数据。根据第一步和第二步的处理方法，可以从初始数据 1998~2000 年的非平衡面板数据，再利用 1999~2001 年的数据，就可以得到 1998~2001 年的数据，依此类推，可扩展到 2009 年。

通过以上步骤可以得到 1998~2007 年连续 11 年的非平衡面板数据。通过表4.1 可以发现，退出企业比重平均 14.10%，新进企业比重平均 20.41%，企业的进入和退出率相对而言是比较高的。2004 年的进入比重明显过高，这主要由于普查带来的影响，将一些应该调查但是之前没有进行调查的观测值重新纳入进来。经过面板数据的构建，1998~2007 年样本共包含 593574 家企业，具体分布如表 4.1 所示。

---

① Brandt 等（2012）采取"邮政编码+行业代码+主要产品+所在县名称+开工年份"，这种匹配方法容易产生很多不同的企业被匹配成相同的企业，因为在同一地方有不同企业从事某一行业是很正常的情况。

第4章 中国企业要素收入分配的测算

表4.1 中国工业企业数据库面板的整理和构成分布

年份	总数	下期存活	退出	上期在位	新进入	退出比重（%）	新进比重（%）
1998	165118	139976	25142	—	—	15.23	—
1999	162033	137331	24702	139976	22057	15.25	13.61
2000	162883	129331	33552	137331	25552	20.60	15.69
2001	171241	149864	21376	129331	41909	12.48	24.47
2002	181557	157457	24100	149864	31693	13.27	17.46
2003	196222	157165	39057	157457	38765	19.90	19.76
2004	274763	232969	41794	157165	117598	15.21	42.80
2005	271835	248641	23194	232969	38866	8.53	14.30
2006	301961	276257	25704	248641	53320	8.51	17.66
2007	336768	296382	40386	276257	60511	11.99	17.97

资料来源：作者自己整理。

（2）对行业代码进行调整。中国工业企业数据库存在两种行业划分标准：一种是《国民经济行业分类》（GB/T 4754—1994），存在于2002年及其之前的年份；另一种是《国民经济行业分类》（GB/T 4754—1994），存在于2003年及以后的年份。两种分类标准在二位数行业分类上没有任何差异，而在三位数和四位数行业分类上则存在较大差异。本书采取的办法是2003年以前按照GB/T4754—1994的企业按照小行业进行调整，使全样本行业口径保持一致。具体调整方法是将1994GB四位数行业分类对应到2002GB三位数行业分类，实现所有年份行业在2002GB三位数分类层面的统一。

（3）删除关键变量观察值缺失的样本和删除错误记录和不满足逻辑关系的错误记录。例如固定资产小于0、本年应付工资总额小于0、固定资产总值小于固定资产净值等。删除开工时间为缺漏值且小于0的样本3544个；删除本年应付职工总额缺失或小于0的样本13512个；删除本年应付福利总额缺失或小于0的样本889个；删除管理费用中的税金缺失或小于0的样本1981个；删除应交所得税缺失和小于0的样本26249个；删除补贴收入缺失或小于0的样本1981个；删除本年折旧缺失或小于0的样本1260个；剔除固定资产总值小于固定资产净值的样本65082个。

（4）为剔除兼并重组或业绩较差样本的影响，本书进一步剔除资产负债率大于1或小于0，以及营业利润率大于1或小于-1的样本，共计剔除

124949个。

(5) 本书还对关键指标在1%和99%分位进行Winsor处理以控制极端值。

基于以上原则,本书最终得到了1526699个观测值,具体分布如表4.2所示。

表4.2 样本分布状况

		观测样本	占比(%)	年份分布(%)									
				1998	1999	2000	2001	2002	2003	2004	2005	2006	2007
所有权性质	国有	115325	7.55	1.33	1.21	1.06	0.84	0.73	0.65	0.58	0.45	0.39	0.32
	集体	189094	12.39	2.10	1.92	1.68	1.42	1.21	0.99	0.96	0.75	0.68	0.65
	法人	347895	22.79	0.93	1.05	1.25	1.42	1.60	2.05	2.96	3.26	3.71	4.55
	民营	656546	43.00	1.04	1.23	1.70	2.41	3.12	4.03	6.42	6.58	7.69	8.80
	港澳台	113263	7.42	0.40	0.45	0.49	0.54	0.57	0.72	0.91	1.02	1.10	1.21
	外资	104576	6.85	0.33	0.35	0.39	0.44	0.51	0.61	0.88	0.99	1.10	1.24
垄断	非垄断	1426794	93.46	5.66	5.75	6.11	6.58	7.23	8.45	11.89	12.22	13.78	15.79
	垄断	99905	6.54	0.47	0.46	0.47	0.49	0.51	0.61	0.84	0.83	0.89	0.99
地区	东部	1143541	74.90	4.24	4.32	4.61	5.14	5.72	6.69	9.98	10.10	11.34	12.75
	中部	246927	16.17	1.25	1.24	1.24	1.21	1.30	1.51	1.73	1.89	2.15	2.64
	西部	136231	8.92	0.64	0.66	0.72	0.71	0.73	0.85	1.01	1.05	1.17	1.38
规模	小型	503966	33.01	2.03	2.05	2.17	2.33	2.56	2.99	4.20	4.31	4.84	5.54
	中型	503622	32.99	2.02	2.05	2.17	2.33	2.56	2.99	4.20	4.30	4.84	5.53
	大型	519111	34.00	2.09	2.11	2.24	2.40	2.64	3.08	4.33	4.44	4.99	5.70
合计		1526699	100.00	6.13	6.21	6.58	7.07	7.75	9.05	12.72	13.05	14.67	16.77

注:有关所有权性质、垄断性质、地区分布及企业规模具体的划分方法按照下文变量指标选取方法确定。

资料来源:作者自己整理。

4.2 企业要素收入分配的层次与测算方法

4.2.1 要素收入分配的层次

对企业要素收入分配进行测算的首要条件是对要素收入分配层次进行划分。

在测算要素收入分配的大多数文献中（Bentolila 和 Saint Pual，2003；赵俊康，2006；白重恩和钱震杰，2009b；钱震杰，2011），主要将要素收入分配格局划分为资本要素收入和劳动要素收入占比的问题，资本收入占比与要素收入占比之和等于1。将要素收入分配划分为两个层次的依据主要是根据两种计算方法：第一种是：毛增加值法（Gross Value Added），将间接税直接视为资本收入，其计算公式为：

$$劳动要素收入占比(laboratio) = \frac{劳动要素收入}{国民收入} \qquad (4.1)$$

$$资本要素收入占比(prifiratio) = \frac{国民收入 - 劳动要素收入}{国民收入} \qquad (4.2)$$

另一种计算方法是要素成本增加值法（Value-added at Factor Cost），在计算资本收入的同时，要对间接税进行剔除，其计算公式为：

$$劳动要素收入占比(laboratio) = \frac{劳动要素收入}{国民收入} \qquad (4.3)$$

$$资本要素收入占比(prifiratio) = \frac{国民收入 - 劳动要素收入 - 生产税净额}{国民收入}$$

$$(4.4)$$

依据上面两种计算方法将要素收入分配划分为两个层次的文献很多。张杰等（2012）指出，生产税净额既不属于资本收入，也不应该划为劳动收入，它可以看作劳动与资本之外的"楔子"。吕冰洋和郭庆旺（2012）指出，如果考虑政府部门分配，则可以解决要素收入分配中间接税归属问题的争论。同时，Gomme 和 Rupert（2004）针对这一问题提出了两个较为尖锐的疑问：①是否应将政府收入视为资本收入或劳动收入？②是否应将政府部门的收入从要素收入分配剔除？为克服传统计算方法的不足，在借鉴吕冰洋和郭庆旺（2012）利用宏观层面数据，对中国要素收入分配格局进行测算时所使用的方法，本书将要素收入分配划分为劳动要素收入、资本要素收入和政府部门收入三个层次，将政府部门收入看成国民收入中资本要素和劳动要素收入之外的部分。本书如是划分主要有以下三个理由：

第一，确定间接税的归属问题。有关间接税的归属问题，一直没有统一的说法。Engel 等（1999）认为，间接税是企业生产"成本—价格"的一部分，因而可以看成中间产品，即资本存量所征收的资本税。很显然，这种观点是将间接税简单化。根据间接税的税基性质，其税基不能单纯地视为向资本征收，而应该分为消费和资本两个部分（OECD，2000；Mendoza 等，1994）。因此，考虑政府部门的收入情况,就可以将间接税全部纳入政府部门的收入范畴,合理地规避间接税的归属的争论问题(吕冰洋和郭庆旺,2012)。

第二,政府部门在要素收入分配中的作用不可忽视。在要素收入分配的调节过程中,政府发挥着重要的作用。政府可以利用间接税、直接税、转移支付等手段对要素收入分配进行调节,因此测算政府部门在要素收入分配中的具体占比,不仅可以对政府具体发挥的作用进行测度,而且可以对政府部门收入的演进有一个较为清晰的认识。

第三,防止"形式上"高估资本收入。通常情况下,根据毛增加值法将政府部门收入纳入资本收入范畴,这样得到的结果会远远高于劳动要素收入占比,另外,当政府收入提升而造成的劳动收入占比下降,也并非由于资本要素收入占比过高而引起的,倾向于高估劳动收入占比下降的趋势,因此这种划分方法容易造成资本要素收入占比"形式上"被高估。根据本书的测算方法,将政府部门收入占比与资本要素收入占比相加,就可以得到传统意义上的利用毛增加值法得到的资本要素收入占比,但如果只是根据毛增加值法对要素收入分配进行测算,却无法从资本收入中拆分出政府部门收入占比,这也是本书采用这一方法进行测算的便捷之处。

根据以上分析,本书将企业要素收入分配划分为劳动要素收入、资本要素收入和政府部门收入三个层次,如图 4.1 所示。

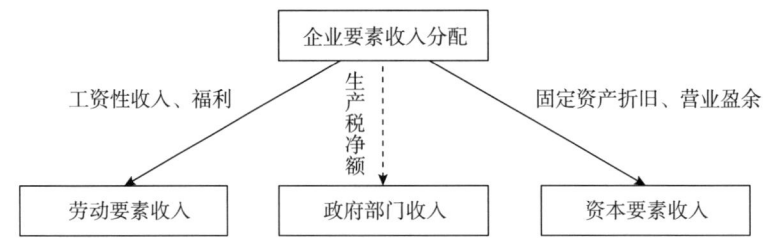

图 4.1 企业要素收入分配层次

资料来源:作者自己整理。

4.2.2 要素收入分配的测算方法

宏观层面的要素收入分配的测算是以收入法计算的国民收入(National Income)为基础。在文献综述部分,本书已经指出,对于要素收入分配占比的计算,由于相关研究的滞后,致使20世纪初国外才出现对国民收入统计的相关研究。因而,对于企业要素收入分配的计算,比较重要的是如何测算企业工业增加值。

钱震杰(2011)指出,企业层面的工业增加值测算方法主要分为生产法和收入法两种,分别可以计算按市场价格法和要素成本定义的增加值。中国工业企业数据库直接提供了依据生产法计算的企业工业增加值,又被称为市场价格—生产法增加值,但是本书并没有直接利用中国工业企业数据库直接提供的生产法计算的企业工业增加值,主要原因在于2004年全国范围内的工业经济普查,致使2004年的中国工业企业数据库并没有提供生产法计算的企业工业增加值,为保持数据的一致性,本书选择不利用中国工业企业数据库提供的"工业增加值"指标。中国工业企业数据库提供了有关企业财务方面的详尽指标,能够取得劳动者获得的工资总额、固定资产折旧、主营业务税金、福利总额、主营业务利润总额、收入补贴、管理费等指标,这些指标涵盖了收入法计算企业工业增加值的范围。本书严格根据国家统计局(2003)对收入法国民生产总值核算的定义①计算企业要素成本法增加值,并充分借鉴白重恩等(2008)、张杰等(2012)的测算方法,企业工业增加值应为劳动者收入、固定资产折旧、企业盈余和生产税净额②四项之和。生产税净额既不属于资本收入,也不应该划为劳动收入,它可以看作劳动与资本之外的"楔子"(张杰等,2012),代表了政府部门收入。因此,企业层面的增加值包括劳动要素收入、资本要素收入和政府部门收入三个组成部分。

首先,对于劳动要素收入(Labor)的确定。本书采用本年应付工资总额和本年应付职工福利费总额两项之和代替,③ 这里的劳动要素收入是狭义劳动要素收入,广义劳动要素收入应该包括本年应付工资总额、本年应付职工福利费、劳动及待业保险费、养老和医疗保险费、住房公积金及补贴五项之和,但是限于数据的可获得性,④ 本书只能利用狭义劳动要素收入的定义。其次,对资本要素收入(Profit)进行定义。根据收入法企业工业增加值的定义,将固定资产折旧和

---

① 收入法国内生产总值分为劳动者报酬、生产税净额、固定资产折旧和营业盈余四类。
② 根据国家统计局(2003)的定义,生产税净额应包括产品税和生产税两个部分。
③ 主要参考白重恩和钱震杰(2008)、钱震杰(2011)对微观层面劳动要素收入的界定。
④ 根据作者统计,中国工业企业提供的住房公积和住房补贴只有2004~2007年,企业年度缺失;养老保险和医疗保险费只提供了2001年、2004~2009年,其余年度数据缺失。

营业盈余作为资本要素收入,其中,企业盈余用本年营业利润代替。① 最后,政府部门收入(Gov)的计算。政府部门收入,即生产税净额。计算方法是根据企业加总数据集中提供的所有生产税和产品税项目,再减去企业获得的补贴收入。② 企业提供的所有生产税和产品税项目包括企业应交所得税、企业应交增值税、产品销售税金及附加和管理费中的税金支出。

基于以上分析,根据收入法计算的企业工业增加值的具体核算公式如式(4.5)所示:

$$\begin{aligned}企业工业增加值 &= 劳动要素收入 + 政府部门收入 + 资本要素收入 \\ &= (本年应付职工工资总额 + 本年应付职工福利总额) + \\ &\quad [(企业应交所得税 + 企业应交增值税 + \\ &\quad 产品销售税金及附加 + 管理费中的税金支出) - \\ &\quad 企业补贴收入] + 本年固定资产折旧 + 本年营业利润\end{aligned}$$

(4.5)

综上所述,进一步得到劳动要素、资本要素和政府部分在要素收入分配中份额具体测算公式如下:

$$劳动要素收入份额(Laboratio) = \frac{劳动要素收入}{企业增加值}$$

$$= \frac{本年应付工资总额 + 本年应付福利费总额}{企业增加值}$$

(4.6)

$$资本要素收入份额(Prifiratio) = \frac{资本要素收入}{企业增加值}$$

$$= \frac{本年固定资产折旧 + 本年营业利润总额}{企业增加值}$$

(4.7)

$$政府部门收入份额(Govratio) = \frac{生产税净额}{企业增加值}$$

$$= \frac{企业生产税和产品税项目 - 企业补贴收入}{企业增加值}$$

(4.8)

---

① 钱震杰(2011)指出,由于数据的非平衡性,为减少有效数据的影响,企业营业利润不需要对其进行存货、管理费用等调整。同时,通过对1999~2005年工业企业数据库中的存货变化在增加值中的比重进行测算,发现这一比重基本在0.3%~1.2%,并不存在明显趋势。

② 张杰等(2012)指出,在企业税收核算方面,必须剔除企业获得的补贴收入。

4.3 企业要素收入分配的测算及趋势分析

依据前文测算方法和划分层次,本书将从劳动要素、资本要素和政府部门三个方面对企业层面的要素收入分配进行系统测算,这有助于对我国企业的要素收入分配格局有一个全局性的认识和把握。

4.3.1 要素收入分配的整体变迁与分析

近年来,我国要素收入分配格局显著变化。从宏观层面来看,根据吕冰洋和郭庆旺(2012)测算结果, 我国要素收入分配发生了显著变化——劳动要素收入占比每况愈下,而资本收入占比却不断上升,政府部门收入则呈现相对平稳趋势,具体如图 4.2 中的 Macro 所示。1998~2008 年,劳动要素收入占比从 53.4% 下降到 48.0%,共下降 5.4 个百分点,年平均下降 1.06 个百分点;资本要素收入占比从 29.9% 上升到 36.2%,共上升 6.3 个百分点,年平均上升 3.2 个百分点;政府部门收入占比从 16.7% 下降到 16.1%,略下降 0.6%。吕冰洋和郭庆旺(2012)指出,资本要素收入占比提高的主要原因可以具体归结为三个方面:①人口红利的影响。由于人口增加很快,人口红利提供了充裕的劳动力和储蓄提高,其结果是中国长期内劳动力成本过低,而资本供应充足,从而导致资本要素收入占比提高。②经济结构的影响。随着劳动在生产要素中的供给丰裕度提高,使劳动密集型产业向资本密集型产业转移,由此提高了资本要素收入占比,这也支持了白重恩(2009b)、罗长远和张军(2009b)等观点。③间接税影响。间接税能够起到对资本要素收入的抑制作用,随着间接税的提高,会对资本要素收入占比起到反向作用。总体而言,资本要素收入占比与劳动要素收入占比呈逆向变化,可能存在"利润侵占工资"的现象。

---

① 主要选取吕冰洋和郭庆旺(2012)的计算结果作为对比的原因如下:其一,与本书选取的计算方法相同,即要素成本增加值法,将间接税不视为企业的收入;其二,测算时与本书思路相同,将政府部门与劳动要素和资本要素一同纳入要素分配框架;其三,吕冰洋等(2012)计算要素收入分配分为税前和税后,为保持一致,本书主要对比的是税前要素收入分配。

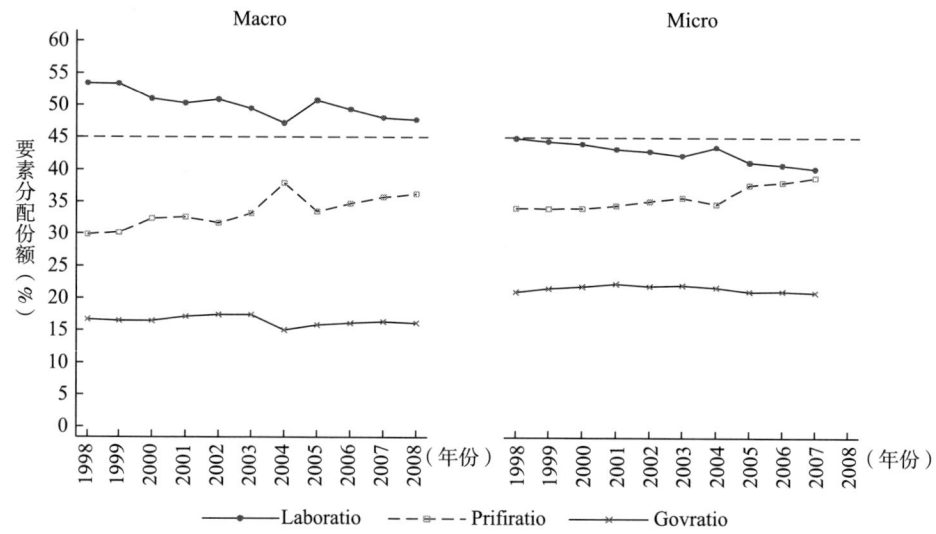

图 4.2　1998~2008 年中国宏观层面与企业层面的要素收入分配的变迁

资料来源：作者自己整理。

图 4.2 同时显示了本书根据 1998~2008 年工业企业数据库所计算的企业部门（Micro）劳动要素收入占比、资本要素收入占比和政府部门收入占比的变化趋势。这期间，劳动要素收入占比从 44.9% 下降到 40.2%，下降幅度为 4.7 个百分点，年平均下降 1.1 个百分点；资本要素收入占比从 34.1% 上升到 38.9%，共上升 4.8 个百分点，年平均上升 1.3 个百分点；政府部门收入份额从 21.05% 下降至 20.97%，下降约为 0.1%，波动较为平稳。微观层面的企业数据库充分证明了中国目前要素收入分配的整体现状——劳动收入要素逐年下降，而资本收入呈逐年上升态势。与吕冰洋和郭庆旺（2012）测算的宏观层面要素收入分配结果相比，本书发现：①企业要素收入分配份额变动与宏观要素收入分配占比变动趋势基本一致，即劳动要素收入占比逐年下降，资本要素收入占比逐年上升，但政府部门收入占比变化不大。②与宏观层面劳动要素收入占比相比，企业劳动要素收入占比这一数值明显低于宏观劳动要素收入占比，而资本要素收入占比和政府部门收入占比均略高于宏观测算结果。由此，本书的测算结果验证了张杰等（2012）的研究结论：中国制造业部门整体劳动收入偏低可能是造成中国宏观层面劳动收入占比持续下降的重要原因之一，而资本收入偏高则对宏观层面资本收入占比上升具有一定影响。胡奕明和买买提依明·祖农（2013）研究表明，上市

公司的劳动收入呈逐年上升趋势，这也进一步验证了结论的正确性。 具体测算结果如表4.3所示。

表4.3　1998~2007年中国企业要素收入分配占比变动

年份	劳动要素（%）	资本要素（%）	政府部门（%）
1998	44.90	34.06	21.05
1999	44.36	34.02	21.62
2000	44.03	34.07	21.90
2001	43.22	34.50	22.28
2002	42.86	35.18	21.96
2003	42.22	35.70	22.08
2004	43.51	34.73	21.76
2005	41.21	37.69	21.09
2006	40.76	38.07	21.17
2007	40.16	38.86	20.97
均值	42.23	36.28	21.49

资料来源：作者自己整理。

限于数据，本书只能对1998~2007年企业要素收入分配进行测算。进一步地，本书将对这一时期要素收入分配为何变动进行分析。根据测算结果，政府部门要素收入占比趋于稳定，整体上只在10年内下降约0.1个百分点。从税收制度改革来看，1993年以来，根据社会主义市场经济体制改革的目标，中国税收制度改革贯彻"统一税收、公平税负、简化税制、合理分权，理顺分配关系"的指导思想，对中国原有的税制进行了系统的、全面的、结构性的改革。在样本区间范围内，中国基本建立起了以流转税类和所得税类为主体，资源税类和财产税类辅助的多层次、多环节、多税种的复合税体制，税收制度并没有发生波动，这也就回答了"为何政府部门收入保持稳定"这一问题。从整体来看，劳动收入要素占比呈逐年下降趋势，而资本要素收入占比呈逐年上升趋势，劳动要素与资本要素之间的此起彼伏与这一时期中国的收入分配制度改革密不可分。这一时期，从党的政策向导上看，对生产要素参与分配给予了肯定。1997年9月召开的

---

① 相关研究表明，上市公司的劳动所得收益逐年上升，而制造业部门劳动要素收入份额低于宏观层面。

党的十五大明确提出，要"完善分配结构和分配方式。坚持按劳分配为主体、多种分配方式并存的制度。把按劳分配和按生产要素分配结合起来，坚持效率优先、兼顾公平，有利于优化资源配置，促进经济发展，保持社会稳定"。同时强调，要"允许和鼓励资本、技术等生产要素参与收益分配"。① 党的十五大第一次明确要"把按劳分配和按生产要素分配结合起来"，允许并鼓励资本、技术等生产要素参与收益分配，② 打破平均主义，突破了传统的社会主义只能按劳分配的原则。从政策上，政府开始支持按生产要素分配和效率优先的分配原则，这一方面是社会主义市场经济发展的必然要求，另一方面却又在无形中提高了资本在收入分配中的地位。2002年11月，党的十六大进一步提出，要"理顺分配关系，事关广大群众的切身利益与积极性的发挥。调整和规范国家、企业和个人的分配关系，确立劳动、资本、技术和管理等生产要素按贡献参与分配的原则，完善按劳分配为主体、多种分配方式并存的分配制度"。③ 进一步强调了按生产要素分配的意义。在相关宏观政策的导向下，从图4.2可以看出，1998~2001年，劳动要素收入占比呈缓慢下降趋势，而2002~2007年劳动收入占比则下降较快，资本收入占比则呈相反趋势。根据测算结果，劳动收入占比在1998年、2001年分别为44.90%、43.22%，这一区间下降了2.04个百分点；劳动收入占比在2002年、2007年分别为42.86%、40.16%，下降了2.70个百分点。企业内部存在一般员工收入较低、分配不公、个人收入下降明显等问题。例如，企业高管拿到的收入远远高于普通员工，那么对于企业内部的经营管理者的收入到底是按照"按劳分配"还是"按要素分配"？协调企业内部劳动与资本之间的关系，合理配置劳资权利对于改善企业内部要素收入分配大有裨益，这也是第3章理论部分重点解决的问题。

4.3.2 不同行业性质的要素收入分配变迁与分析

中国工业企业数据覆盖了中国工业40多个大类、90多个中类、600多个小

---

① 《高举邓小平理论伟大旗帜，把建设有中国特色社会主义事业全面推向二十一世纪——在中国共产党第十六次全国代表大会上的报告》（1997年9月12日），详细内容请参见 http://www.gov.cn/test/2007-08/29/content_730614.htm。

② 按生产要素分配，是指按照进行物质资料生产时所投入的生产要素的数量和质量进行收益分配的一种方式。生产要素所有者投入各种生产要素，并取得相应的收益。

③ 《全面建设小康社会，开创中国特色社会主义事业新局面——在中国共产党第十六次全国代表大会上的报告》（2002年11月8日）。详细内容请参见 http://www.people.com.cn/GB/paper53/7682/733913.html。

类，行业类别划分详尽，所统计的行业对应于国民经济行业分类（GB/T 4754—2002）中代码 13~43 共计 30 个行业， 可以对具体行业企业的要素收入分配进行细致的研究，具体如表 4.4 所示。现有研究指出，垄断行业更易通过自身的垄断地位获得高额的利润，从而产生"利润挤占工资"的问题（叶林祥等，2011；郑志国，2008），本书重点考察垄断行业和非垄断行业要素收入分配的变迁。

表 4.4 中国工业企业数据库中的行业分类

行业代码	行业名称
6	煤炭开采和洗煤业
7	石油和天然气开采业
8	黑色金属矿采选业
9	有色金属矿采选业
10	非金属矿采选业
11	其他采矿业
12	木材及竹材采运业
13	农副食品加工业
14	食品制造业
15	饮料制品业
16	烟草制品业
17	纺织业
18	纺织服装、鞋、帽制造业
19	皮革、毛皮、羽毛（绒）及其制品业
20	木材加工及木、竹、藤、棕、草制品业
21	家具制造业
22	造纸及纸制品业
23	印刷业和记录媒介的复制
24	文教体育用品制造业
25	石油加工、炼焦及核燃料加工业
26	化学原料及化学制品制造业
27	医药制造业
28	化学纤维制造业

---

① 国民经济行业分类（GB/T 4754—2002）中并不包含行业 38。

续表

行业代码	行业名称
29	橡胶制品业
30	塑料制品业
31	非金属矿物制品业
32	黑色金属冶炼及压延加工业
33	有色金属冶炼及压延加工业
34	金属制品业
35	通用设备制造业
36	专用设备制造业
37	交通运输设备制造业
39	电气机械及器材制造业
40	通信设备、计算机及其他电子设备制造业
41	仪器仪表及文化、办公用机械制造业
42	工艺品及其他制造业
44	电力、热力的生产和供应业
45	燃气生产和供应业
46	水的生产和供应业

注：行业代码为根据国民经济行业分类（GB/T 4754—2002）调整后2位数行业代码。
资料来源：作者自己整理。

根据岳希明等（2010）研究，将样本划分为垄断性行业和非垄断性行业，即一般竞争性行业。设定样本中的垄断性行业包括：①采矿业中的"石油和天然气开采业（07）"；②制造业中"烟草制品业（16）"、"石油加工、炼焦及核燃料加工业（25）"；③电力、燃气及水的生产和供应业中的"电力、热力的生产和供应业（44）"、"燃气生产和供应业（45）"、"水的生产和供应业（46）"。将样本中的其他行业则划分为一般竞争性行业。Monopoly代表按垄断性行业，Non-Monopoly代表一般竞争性行业。垄断行业和一般竞争性行业企业的要素收入分配测算结果如图4.3所示。

从图4.3可以发现，垄断和非垄断（竞争）行业企业的要素收入分配格局存在以下三个特点：

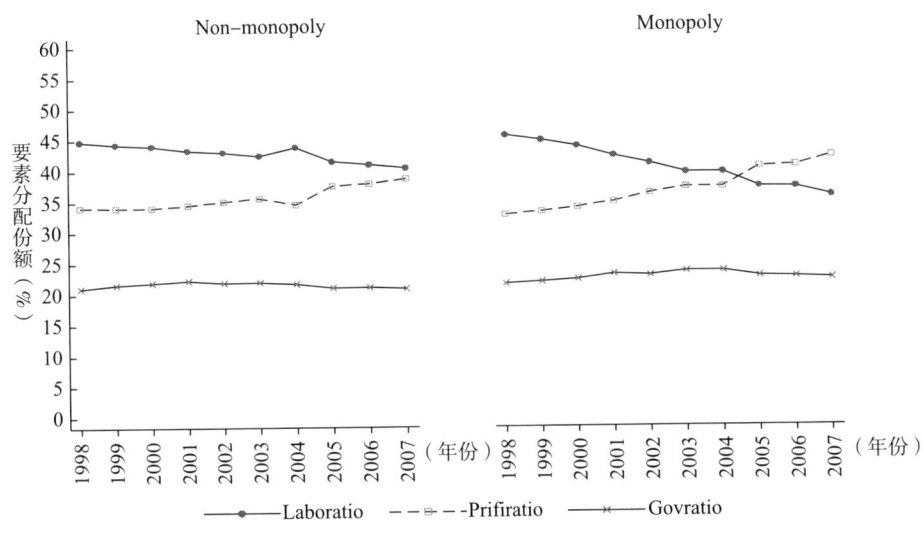

图4.3　1998~2007年中国企业要素收入分配按行业性质的变迁

资料来源：作者自己整理。

（1）劳动要素收入方面，无论是垄断行业还是非垄断行业，劳动要素收入占比都呈逐年下降趋势，但从变化趋势上看，垄断行业劳动要素收入占比明显下降更快，幅度更大。在样本区间，非垄断行业从44.84%下降到40.44%，共下降4.4个百分点，年均下降1.03%；垄断行业从45.61%下降至35.67%，下降幅度达9.94个百分点，年均下降2.4个百分点。均值来看，垄断行业劳动要素收入占比均值为39.70%，非垄断行业均值为42.41%，相差约3个百分点。值得注意的是，垄断行业企业的初始劳动收入占比要高于一般竞争行业的劳动收入占比，这主要由于垄断行业中的大部分企业是国有企业，因而劳动收入占比在初始时较高。

（2）资本要素收入方面，两类行业都呈逐年上升趋势，但从变化趋势上看，垄断行业资本要素收入占比上升的幅度和速度仍高于非垄断行业。在样本区间，非垄断行业从34.17%上升到38.66%，上升4.49个百分点，年均增长1.24%；垄断行业从32.77%上升到42.07%，上升9.3个百分点，垄断行业均值比非垄断行业要高1.49个百分点。

（3）政府部门收入方面，两类行业的变化趋势均呈平稳态势，垄断行业对应的政府部门收入稍高。上述结果与白重恩和钱震杰（2008）、胡奕明和买买提依明·祖农（2013）的研究结论一致，即垄断行业凭借自身的垄断地位获取高额利润，更加有利于资本要素收入占比提高，从而扩大要素间的收入差距。具体结果如表4.5所示。

表4.5 1998~2007年中国企业要素收入分配按行业性质变动

年份	垄断			非垄断		
	劳动要素（%）	资本要素（%）	政府部门（%）	劳动要素（%）	资本要素（%）	政府部门（%）
1998	45.61	32.77	21.62	44.84	34.17	21.00
1999	44.83	33.30	21.88	44.33	34.07	21.60
2000	43.81	33.92	22.27	44.05	34.08	21.87
2001	42.19	34.82	23.00	43.30	34.47	22.23
2002	41.00	36.15	22.85	42.99	35.11	21.90
2003	39.47	37.06	23.47	42.42	35.60	21.98
2004	39.45	37.08	23.47	43.79	34.57	21.64
2005	37.07	40.32	22.61	41.49	37.51	20.99
2006	36.99	40.53	22.48	41.01	37.91	21.08
2007	35.67	42.07	22.26	40.44	38.66	20.89
均值	39.70	37.67	22.63	42.41	36.18	21.41

资料来源：作者自己整理。

4.3.3 不同规模的要素收入分配变迁与分析

中国背景下的企业规模必然对要素收入分配产生影响（张杰等，2012）。本书进一步对不同规模企业的要素收入分配进行测算。本书利用企业的固定资产总额代表企业的规模。根据固定资产规模的第33和66百分位将样本划分为三组：当Size≤189万元，设定为小规模；当189万元＜Size≤724万元，设定为中等规模；当Size＞724万元，设定为大规模。根据规模划分标准对要素收入分配进行测算，如图4.4所示。

从图4.4可以发现，规模不同企业在要素收入分配上存在以下三个特点：

（1）从整体波动来看，企业规模越大，劳动和资本要素收入占比变动越明显，劳动要素收入占比呈下降趋势，资本要素呈上升趋势，而政府部门收入占比在不同规模企业间无明显变动，仍较为平稳。

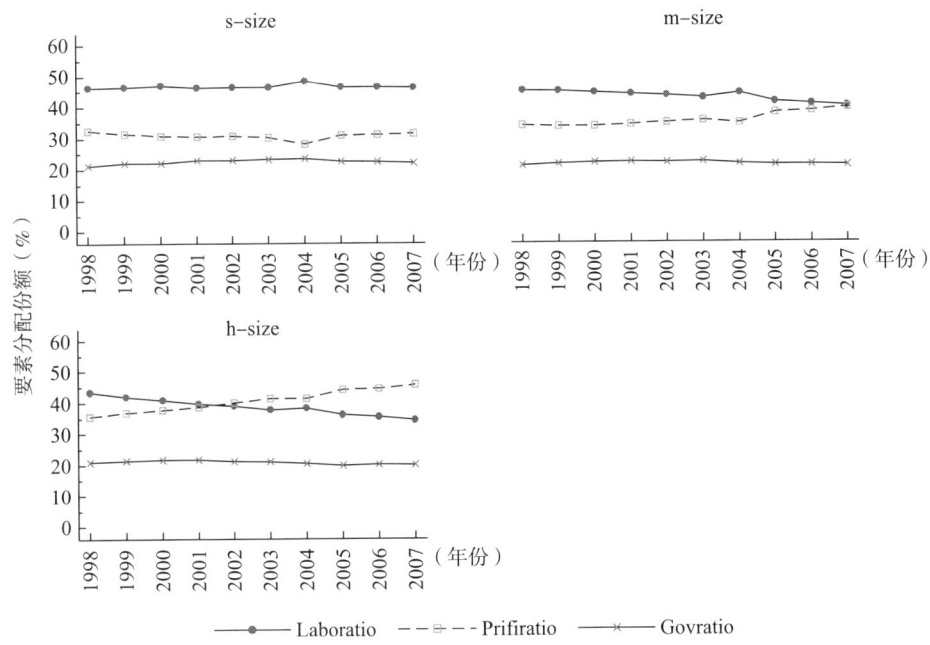

图 4.4 1998~2007 年中国企业要素收入分配按规模的变迁

资料来源：作者自己整理。

（2）劳动要素收入方面，小规模企业劳动要素收入占比从 46.26% 略微上升至 46.37%；中等规模企业从 45.06% 下降到 39.88%，下降 5.18 个百分点；大规模企业则从 43.42% 下降到 34.41%，下降 9.01 个百分点，年平均下降 2.30 个百分点。从均值来看，企业规模越大，劳动要素收入占比越低。①

（3）资本要素收入方面，小规模企业资本要素收入占比不升反降，共下降 1.08 个百分点；中等规模企业从 33.90% 上升到 39.26%，上升 5.36 个百分点；大规模企业则从 35.68% 上升至 45.66%，上升接近 10 个百分点，年均增长 2.5 个百分点。从均值来看，企业规模越大，资本要素收入占比均值越高，其中，小规模企业均值只有 30.76%，而大规模企业则达到了 41.72%。

根据上述结果可以发现，规模对企业要素分配的影响作用越来越大，白重恩和钱震杰（2008）在一定程度上忽视了这一点。具体测算结果如表 4.6 所示。

---

① 据测算，小规模企业的劳动要素收入份额均值为 46.69%，中等规模企业为 42.42%，大规模企业为 37.73%。

表 4.6 1998~2007 年中国企业要素收入分配按企业规模变动

年份	小规模（Size≤189 万元）			中等规模(189 万<Size≤724 万元)			大规模（Size>724 万元）		
	劳动要素（%）	资本要素（%）	政府部门（%）	劳动要素（%）	资本要素（%）	政府部门（%）	劳动要素（%）	资本要素（%）	政府部门（%）
1998	46.26	32.55	21.19	45.06	33.90	21.04	43.42	35.68	20.90
1999	46.39	31.57	22.04	44.84	33.60	21.56	41.94	36.79	21.27
2000	47.01	30.86	22.13	44.42	33.59	21.99	40.76	37.64	21.60
2001	46.38	30.62	23.00	43.77	34.09	22.14	39.62	38.65	21.73
2002	46.39	30.73	22.88	43.38	34.71	21.91	38.92	39.94	21.13
2003	46.44	30.33	23.24	42.65	35.26	22.09	37.72	41.33	20.95
2004	48.39	28.21	23.40	44.05	34.48	21.47	38.24	41.30	20.46
2005	46.46	30.99	22.56	41.26	37.73	21.01	36.08	44.17	19.75
2006	46.39	31.16	22.44	40.60	38.34	21.06	35.46	44.52	20.03
2007	46.37	31.47	22.16	39.88	39.26	20.86	34.41	45.66	19.93
均值	46.69	30.76	22.55	42.42	36.19	21.40	37.73	41.72	20.55

资料来源：作者自己整理。

4.3.4 不同所有权性质的要素收入分配变迁与分析

企业目标由其所有者决定，企业的所有权能够直接影响企业的要素收入分配情况（钱震杰，2011）。本书用 Capital 代表所有权性质，将所有权性质划分为六种类型：国有企业（Capital_state）、集体企业（Capital_coll）、法人企业（Capital_corp）、民营企业（Capital_pers）、港澳台企业（Capital_hk）和外商独资企业（Capital_for）。本书并未采取中国工业企业数据库提供的"工商登记注册号"来进行识别，① 而是根据"实收资本"一栏中的国家资本、集体资本、法人资本、个人资本、港澳台资本和外商资本实际占比大小来最终对所有权性质进行分类。本书进一步考察所有权性质带来的要素收入分配区别，分别测算六类所有权性质不同企业的要素收入分配变迁，具体如图 4.5 所示。

---

① 聂辉华等（2012）指出，由于外资企业可以享受各种税收优惠，导致企业通过填报"登记注册号"来改变企业类型，这将导致依靠"登记注册号"来识别所有权类别的做法失效，因此根据实收资本比例来确定企业所有权更加准确。

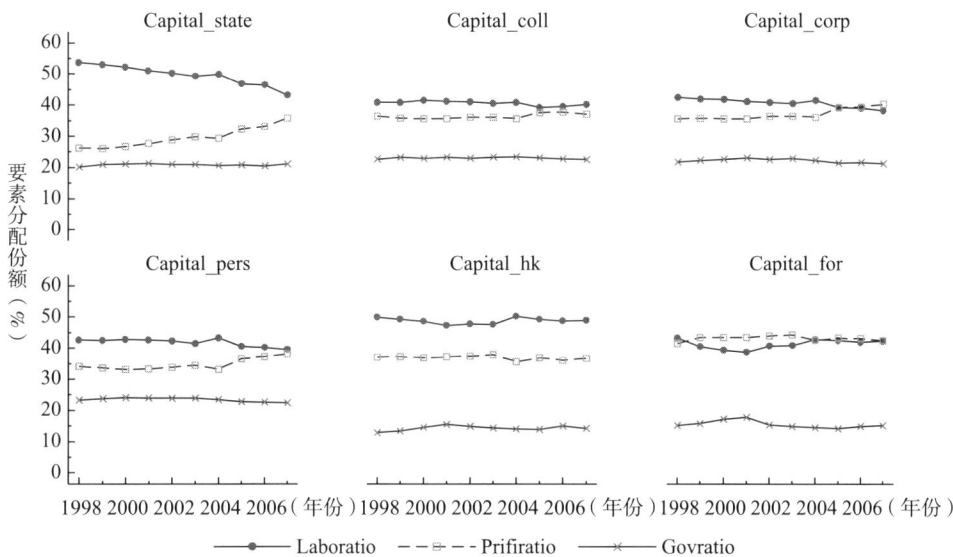

图 4.5　1998~2006 年中国企业要素收入分配按所有权性质的变迁

资料来源：作者自己整理。

由图 4.5 可知，所有权性质不同企业在要素收入分配上存在以下四个特点：

（1）从整体来看，并非所有的企业都呈现劳动要素收入占比下降，资本要素收入占比上升现象。国有企业、法人企业、民营企业劳动要素收入占比呈下降趋势，资本要素收入占比呈上升趋势；集体企业、港澳台企业和外资企业劳动要素收入占比则呈先下降后略微上升趋势，而资本要素收入占比则呈先上升后下降趋势。从幅度看，国有企业劳动和资本要素收入占比下降或上升幅度较大，而集体企业、法人企业、民营企业、港澳台企业和外商独资企业的收入分配则变动较小。

（2）劳动要素收入占比方面，按其均值大小排列为"国有企业＞港澳台企业＞外商独资企业＞民营企业＞集体企业＞法人企业"，这也表明民营企业、集体企业和法人企业的劳动收入占比偏低可能是造成我国制造业部门劳动收入报酬比重过低和缺乏增长动力的原因之一，与这张杰等（2012）的结论基本一致。从变动幅度来看，国有企业劳动要素收入占比下降明显，10 年内共计下降 10.5 个百分点，年均下降 2.2 个百分点，法人企业和民营企业相对国有企业下降幅度并不大。①

（3）资本要素收入占比方面，按其均值大小排列为"外商独资企业＞法人企业＞港澳台企业＞集体企业＞民营企业＞国有企业"。从变动幅度来看，外商独资企业资本要素收入占比经历了先下降后上升的过程，资本要素收入占比整体上共计下降1个百分点，港澳台企业也出现类似变迁过程。②国有企业资本要素收入占比涨幅最大，由26.26%上升至35.75%，共计上升9.5个百分点，年均增长3.1个百分点。

（4）政府部门收入方面，整体波动呈平稳变迁态势，港澳台企业和外商独资企业的政府部门收入占比较其他所有制企业低。测算具体结果如表4.7所示。

表4.7 1998~2007年中国企业要素收入分配按所有权性质变动

年份	国有企业			集体企业			法人企业			民营企业			港澳台企业			外商独资企业		
	劳动要素(%)	资本要素(%)	政府部门(%)	劳动要素(%)	资本要素(%)	政府部门(%)	劳动要素(%)	资本要素(%)	政府部门(%)	劳动要素(%)	资本要素(%)	政府部门(%)	劳动要素(%)	资本要素(%)	政府部门(%)	劳动要素(%)	资本要素(%)	政府部门(%)
1998	53.63	26.26	20.11	40.87	36.50	22.63	42.50	35.67	21.83	42.62	34.07	23.31	49.95	37.16	12.89	43.28	41.53	15.19
1999	53.02	26.08	20.90	40.92	35.79	23.29	41.96	35.82	22.22	42.54	33.63	23.82	49.31	37.24	13.45	40.60	43.52	15.87
2000	52.20	26.66	21.14	41.44	35.54	23.02	41.89	35.58	22.54	42.90	33.10	24.01	48.54	36.88	14.58	39.30	43.56	17.14
2001	51.08	27.66	21.26	41.16	35.64	23.20	41.25	35.62	23.13	42.75	33.31	23.94	47.29	37.19	15.52	38.67	43.50	17.83
2002	50.27	28.81	20.91	40.98	36.13	22.89	40.93	36.45	22.62	42.30	33.79	23.91	47.77	37.42	14.80	40.69	43.94	15.37
2003	49.23	29.86	20.91	40.56	36.11	23.32	40.60	36.49	22.91	41.56	34.45	24.00	47.68	37.86	14.46	40.86	44.32	14.82
2004	49.94	29.36	20.70	40.83	35.68	23.49	41.58	36.16	22.26	42.33	34.20	23.46	50.31	35.62	14.07	42.91	42.60	14.49
2005	46.84	32.38	20.78	39.23	37.61	23.16	39.26	39.25	21.49	40.59	36.57	22.84	49.26	36.88	13.87	42.46	43.31	14.23
2006	46.41	33.11	20.48	39.51	37.76	22.73	38.98	39.45	21.57	40.12	37.24	22.64	48.77	36.15	15.08	42.06	43.09	14.85
2007	43.18	35.75	21.08	40.29	37.06	22.65	38.40	40.33	21.37	39.49	38.14	22.37	48.94	36.76	14.30	42.32	42.45	15.23
均值	50.85	28.35	20.80	40.77	36.18	23.04	40.80	37.06	21.99	41.72	35.64	23.14	48.86	36.79	14.36	41.68	43.12	15.21

资料来源：作者自己整理。

上述结果表明，在六类所有制企业中，由于其他所有制企业要素收入占比波

---

① 相比国有企业而言，法人企业劳动收入10年内只下降4.2个百分点，民营企业下降3.1个百分点。

② 1998~2007年，港澳台企业资本收入份额由37.16%下降到36.76%，下降0.4个百分点。

动不大,而民营企业和国有企业的要素收入分配格局变化较大,国有企业和民营企业的劳动收入占比的快速下降和资本收入占比的迅速上升是导致我国企业部门劳动收入占比下降和资本收入占比提高的重要原因。

第一,1997年召开的党的十五大首次将非公有制经济作为社会主义市场经济的重要组成部门,非公制企业从体制外经济纳入了体制外经济,地位的提升,极大地推动了民营经济的快速发展。进一步地,2002年召开的党的十六大提出两个"必须":必须毫不动摇地巩固和发展公有制经济,必须毫不动摇地鼓励、支持和引导非公有制经济发展"。同时,强调私营企业主也是"中国特色社会主义事业的建设者"。民营企业的快速发展,根据作者对中国工业企业数据库测算,民营企业数量占比从1998年的16.97%提升到2007年的52.47%,如表4.8所示。快速发展使民营企业成为中国国民经济的重要组成部分,对收入分配格局产生了巨大的影响。

表4.8 1998~2007年中国工业企业数据库中的民营企业变动

年份	1998	1999	2000	2001	2002	2003	2004	2005	2006	2007
数量	6828	8076	11161	15823	20484	26459	42150	43201	50488	57776
占比(%)	16.97	19.81	25.84	34.09	40.26	44.53	50.47	50.42	52.42	52.47

资料来源:作者自己整理。

第二,在计划经济时期,国有企业利润全部上缴,国家补贴国有企业亏损,这一时期国有企业劳动要素收入占比一直处于较高水平。1994年分税制改革后,1993~2007年国有企业长时期不上缴利润,随后政府做出改革,将2007年作为分界点,将国有企业利润上缴纳入中央国有资本经营预算范围。国有企业在样本区间内不上缴利润,而作为利润留存更多地转化为资本收益,降低员工劳动收入,这可能是造成国有企业在这一时期资本要素收入占比迅速提高,而劳动要素收入占比显著下降的主要原因。

4.3.5 不同地区的要素收入分配变迁与分析

本书进一步考察地区差别带来的企业要素收入分配区别。根据统计局2003年公布的标准,将全国31个省份划分为东部地区、中部地区和西部地区三大区域。其中,东部地区包括北京、天津、河北、辽宁、上海、江苏、浙江、福建、山东、广东、广西、海南12个省份;中部地区包括山西、内蒙古、吉林、黑龙江、安徽、江西、河南、湖北、湖南 9 个省份；西部地区包括四川、重庆、贵州、云南、西藏、陕西、甘肃、宁夏、青海、新疆 10 个省份。测算结果如图 4.6 所示。

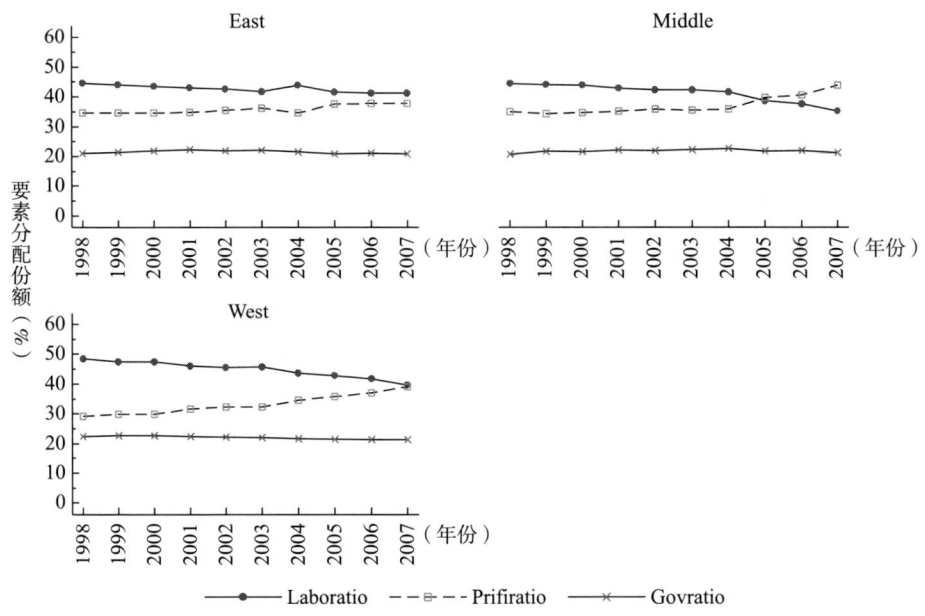

图 4.6　1998~2007 年中国企业要素收入分配按地区的变迁

资料来源：作者自己整理。

从图 4.6 中可以看出，东部、中部、西部地区差异带来的企业要素收入分配呈现以下三个特征：

第一，从总体来看，劳动要素收入占比呈下降趋势，资本要素收入占比呈上升趋势，而政府部门收入则相对较为稳定。中西部地区劳动收入占比下降快于东部地区，资本收入占比上升速度也快于东部地区，东部地区要素收入占比的波动较为平稳。

第二，劳动要素收入占比方面，劳动要素收入占比从大到小的顺序是：西部地区＞东部地区＞中部地区。西部地区的劳动要素收入占比平均值为 44.15%，东部地区为 42.39%，西部地区为 40.42%。中部地区和西部地区劳动收入占比下降幅度大于东部地区。其中，中部地区下降最快，从 1998 年的 44.44%下降到 2007 年的 35.07%，下降 9.37 个百分点。西部地区和东部地区在样本区间范围内分别下降8.83个百分点和3.22个百分点。

第三，资本要素收入占比方面，资本要素收入占比从大到小的排列顺序是：中部地区＞东部地区＞西部地区。中部地区资本收入占比均值为37.83%，东部地区为36.22%，西部地区为33.96%。中部地区和西部地区的资本收入占比上升幅度同样大于东部地区。其中，西部地区上升幅度最大，在样本区间内提升9.95个百分点。中部地区和西部地区分别提高8.84个百分点、3.28个百分点。

综上所述，东部地区劳动要素收入占比和资本要素收入占比波动明显小于中部和西部地区。具体测算结果如表4.9所示。

表4.9 1998～2007年中国企业要素收入分配按地区变动

年份	东部地区			中部地区			西部地区		
	劳动要素（%）	资本要素（%）	政府部门（%）	劳动要素（%）	资本要素（%）	政府部门（%）	劳动要素（%）	资本要素（%）	政府部门（%）
1998	44.50	34.54	20.96	44.44	34.95	20.61	48.44	29.12	22.45
1999	43.99	34.57	21.44	44.03	34.27	21.70	47.43	29.89	22.69
2000	43.55	34.59	21.86	43.80	34.61	21.59	47.54	29.79	22.67
2001	42.92	34.76	22.32	42.83	35.07	22.11	46.03	31.63	22.34
2002	42.65	35.41	21.94	42.29	35.76	21.94	45.52	32.31	22.17
2003	41.77	36.19	22.04	42.27	35.43	22.30	45.70	32.30	22.00
2004	43.83	34.56	21.61	41.54	35.83	22.63	43.68	34.57	21.74
2005	41.54	37.54	20.92	38.64	39.60	21.76	42.72	35.75	21.54
2006	41.27	37.71	21.02	37.54	40.61	21.85	41.77	36.96	21.27
2007	41.28	37.82	20.90	35.07	43.79	21.14	39.61	39.07	21.32
均值	42.39	36.22	21.39	40.42	37.83	21.75	44.15	33.96	21.89

资料来源：作者自己整理。

4.4 关于中国企业要素收入分配变迁的总结

根据前文的测算结果，有关中国企业要素收入分配变迁可以得到如下结论：第一，中国（制造业）企业部门整体劳动要素收入偏低可能是造成中国宏观层面劳动收入占比持续下降的重要原因之一,而资本要素收入占比偏高则对宏观层面资本收入占比上升具有一定影响。我国企业部门要素收入分配占比变动与宏观要素收入分配占比变动趋势基本一致,即劳动要素收入占比逐年下降,资本收入份额逐年上升,政府部门收入份额变化不大。但与宏观层面劳动要素收入占比相比,我国企业部门的这一数值明显低于宏观劳动要素收入占比,而资本要素收入占比和政府部门收入占比均略高于宏观测算结果。张杰等(2012)、胡奕明和买买提依明·祖农(2013)的研究结论证明了本书的观点。

第二,改革企业要素收入分配的重点在于中西部地区的大型垄断国有企业。通过对中国企业要素收入分配按行业性质、规模、所有权性质和地区等方面进行测算,表明要素收入分配,尤其对劳动和资本要素,垄断行业、大型企业、国有企业、中西部地区企业的要素收入占比变动尤为强烈,即劳动要素收入占比下降更快,资本要素收入占比上升显著。中国背景下的企业规模必然对要素收入分配产生影响,企业规模越大,劳动要素收入占比下降越快,而资本要素收入占比则呈相反变动。另外,近些年国有企业利润上缴方式和民营企业的快速发展可能是导致我国企业部门劳动要素收入占比下降和资本要素收入占比提高的重要原因。测算结果直接表明企业要素收入分配的症结在于大型垄断国有企业。

4.5 本章小结

本章将企业要素收入分配分为劳动要素收入、资本要素收入和政府部门收入三个层次,利用1998~2007年中国工业企业数据库,对企业要素收入分配进行系统测算,从整体、不同行业性质、不同规模、不同所有权性质、不同地区进行分类,并进行了详细的探讨。有关中国企业要素收入分配变迁可以得到如下结论:

第一,中国企业部门整体劳动要素收入偏低可能是造成中国宏观层面劳动收入占比持续下降的重要原因之一,而资本收入要素占比偏高则对宏观层面资本收入占比上升具有一定影响。

第二,改革企业要素收入分配的重点在于中西部地区的大型垄断国有企业。测算结果表明:要素收入分配,尤其对劳动和资本要素,垄断行业、大型企业、国有企业、中西部地区企业的要素收入占比变动尤为强烈,即劳动要素收入占比下降更快,资本要素收入占比上升显著。

第5章 权利配置影响企业要素收入分配的实证分析

在权利配置影响企业要素收入分配的理论分析基础上，从劳动者获得劳动收入出发，本章通过构建权利配置影响要素收入分配的测度模型，基于中国工业企业数据库，实证检验了权利配置对要素收入分配的影响效应，正面回答了"劳动者是否获得了'公平'的劳动收入"这一基本问题，这将为后续的研究提供一种全新的思路。

5.1 权利配置影响企业要素收入分配的测度模型及估计方法

劳资分配问题是要素收入分配的核心问题，事关经济发展、民生与社会稳定。近年来，我国劳动收入占比持续下降，已从20世纪90年代中期的超过50%，下降到了2012年的38.5%，与此同时，资本收入占比却从30%左右上升到了50%左右，收入差距逐步拉大，"资强劳弱"似乎早已成为无可辩驳的事实，由此带来了诸如社会不公、劳资矛盾加剧等一系列社会问题，这会进一步影响社会和谐发展，甚至影响公众对收入分配制度改革的支持力度。在这种背景下，国务院发布《深化收入分配制度改革若干意见的通知》中明确提出，"初次分配要注重效率，创造机会公平的竞争环境，维护劳动收入的主体地位"。显然，企业内劳动者获得的劳动收入不仅是居民收入的主体，更直接影响劳动者工作积极性的发挥和企业价值的创造，也是收入分配制度改革的重要组成部分（陆正飞等，2012；张杰等，2010；Blackburn等，1992）。因此，在当前环境下，分析企业内部的要素收入分配问题，尤其是劳动收入问题显得尤为迫切，具有非常重要的现实意义。

劳动者是否获得了"公平"的劳动收入一直受到公众的关注，不仅有利于学术研究，更是要素收入分配的重点关注问题，但值得注意的是，学术界对这一问题仍鲜有研究。完全竞争条件下，公司（雇主）通过在劳动力市场上雇用劳动者进行有效率的生产，并能达到一个均衡的劳动价格（Marshall，1920）。但由于企业内部权利配置不公，一方面，资本方会尽可能压低劳动者获得的工资，出现利润侵蚀工资问题（郑志国，2008）；另一方面，不同性质企业、行业的工资不尽相同，劳动者并不总能得到一个"合意"的劳动收入（Kumbhakar 等，2009），马克思也对企业剥削员工的问题进行了深刻的分析（Karl Marx，1867）。图5.1、图5.2是本书根据2004~2007年国家统计局的规模以上工业企业数据库计算得到的人均劳动收入变化趋势，① 结果也间接表明了这一观点，不同类别企业之间的劳动收入存在很大差异（张杰等，2012；陆正飞等，2012），图5.1可以得到"外商独资企业＞国有企业＞港澳台企业＞法人企业＞集体企业＞民营企

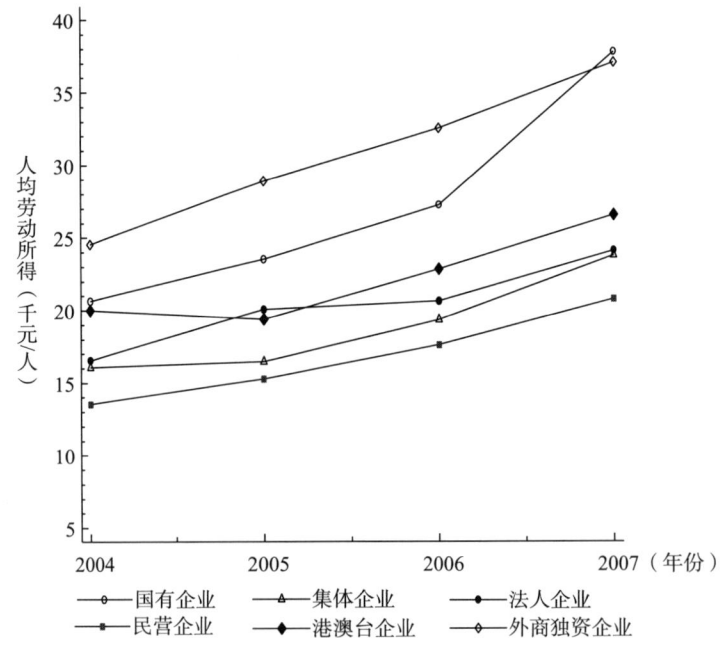

图5.1 不同企业人均劳动收入变动

资料来源：作者自己整理。

---

① 具体计算方法见下文。

业"的结论,这与陆正飞等(2012)的研究基本一致。垄断性行业①劳动收入明显高于竞争性行业劳动收入(见图5.2),这主要是由于垄断行业内部的权利配置更加倾向于资本方(刘长庚等,2014)。现实充分表明,所有权性质、行业分类等都会带来员工间显著的劳动收入差异,而劳动者间不同的收入差距必然会影响社会公平(都阳等,2004;邢春冰,2005)。

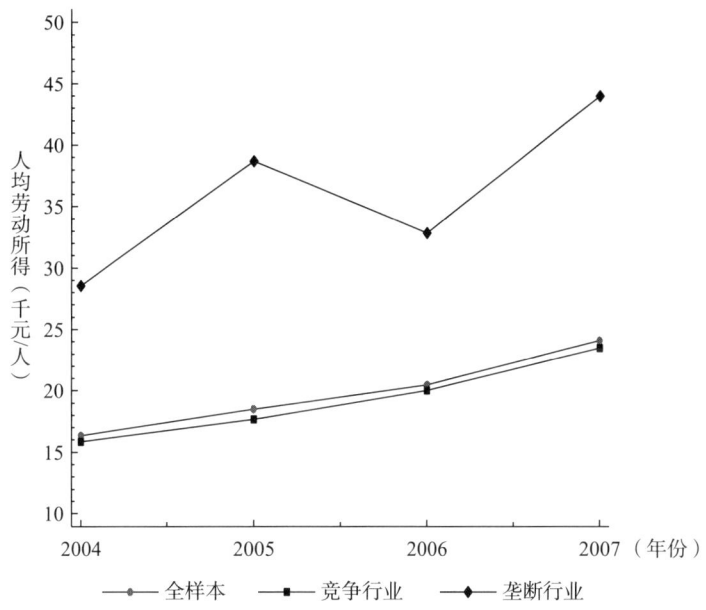

图5.2 不同行业人均劳动收入变动

资料来源:作者自己整理。

鉴于权利配置分配在企业要素收入分配中的重要作用,有必要对这一问题进行深入探讨。本书在借鉴Gaynor等(1994)、Polachek等(1996)以及Kumbhaka等(2009)研究的基础上,通过对现实条件下劳动者的劳动收入形成的机制分析,充分考虑劳资双方的权利配置问题,从劳动者获得的劳动收入出发,构建一个用于衡量企业要素收入分配的测度模型。理论模型的核心机制是:在给定员工或劳动者个体特征的"公平"劳动收入下,由于劳资双方获得的权利配置不同,一方面,劳动者(员工)通过获得企业预期剩余来提高劳动收入;另一方

---

① 有关垄断行业的划分方法将在下文进行阐述。

面,资本方(企业)通过"攫取"员工预期剩余来降低支付的劳动收入,劳动收入形成是资本方和劳动者双边(Two-tier)权利配置差异作用的结果,通过计算劳资双方权利配置强弱衡量员工劳动收入获得过程中双方最终获得的预期剩余。

在有交易成本存在的劳动力市场下,众多劳动者供给方和企业需求方,资本方和劳动者各自拥有的权利配置不同。设定员工最终劳动收入定价为 L,具体表述形式如下:①

$$L = \underline{L} + \eta(\overline{L} - \underline{L}) \tag{5.1}$$

式 (5.1) 中,$\underline{L}$ 为劳动者所能接受的最低劳动收入,$\overline{L}$ 为资本方所愿意支付给劳动者的最高劳动收入。$\eta(0 \leq \eta \leq 1)$ 用于衡量劳动者拥有的权利配置强弱,且 η 越大,越接近1。因此,$\eta(\overline{L} - \underline{L})$ 代表在劳动收入形成过程中,劳动者的劳动收入偏离"公平"劳动收入时所获得的预期剩余。

为了在模型中同时体现资本方和劳动者在定价过程中的权利配置强弱,本书将对式(5.1)进行进一步分解。在满足能够直接影响企业决定的个体基本特征 z 给定的条件下,② 将会形成"公平"的劳动收入 $\mu(z) = E(\theta|z)$,这里 θ 是实际存在的,但是无法获知,并且总满足:$\underline{L} \leq \mu(z) \leq \overline{L}$。③ 因此,$[\mu(z) - \underline{L}]$ 代表劳动者在获得劳动收入过程中能够得到的预期剩余,$[\overline{L} - \mu(z)]$ 代表企业在这一过程中攫取的预期剩余,双方"掠取"剩余的多少将主要依赖于劳资双方拥有的权利配置大小(韩雷等,2013)。本书将式(5.1)进一步分解为:

$$\begin{aligned} L &= \mu(z) + [\underline{L} - \mu(z)] + \eta[\overline{L} - \mu(z)] - \eta[\underline{L} - \mu(z)] \\ &= \mu(z) + \eta[\overline{L} - \mu(z)] - (1 - \eta)[\mu(z) - \underline{L}] \end{aligned} \tag{5.2}$$

由式(5.2)可知,劳动者可以通过"攫取"一部分资本方剩余来提高自己的劳动收入,而资本方可以通过占有劳动者一部分剩余来降低劳动者获得的劳动收入。劳动者所能够获得的预期剩余规模为 $\eta[\overline{L} - \mu(z)] \geq 0$,资本方通过降低劳动者的劳动收入所攫取的预期剩余规模为 $(1 - \eta)[\mu(z) - \underline{L}] \geq 0$。可以看出,劳动者能够获得的预期剩余规模取决于劳动者拥有的权利配置强弱 η 和资本方的预

---

① 卢洪友等(2011)采用了相似的建模思路对我国医疗服务市场中的信息不对称程度进行了测算。
② 详细分析请参见 Kumbhaka 等(2009)的论述。
③ Acemoglu 等(2000)对这一问题涉及的配比价格问题进行了详细的分析,许多国外研究也都先验地对设定服从已知的分布(Flinn,2006)。由于本书分析的劳动力市场的特殊性,很难先验性地找到一个"公平"的劳动收入,因此本书设定其事先不可获知,但客观存在。公平的劳动收入由社会一般劳动收入和劳动者的个体特征所决定(卢洪友等,2013),它也是模型中所要求解的"公平"劳动收入 $\mu(z)$。

期剩余 $[\bar{L}-\mu(z)]$；与此同时，资本方获得的预期剩余取决于资本方拥有的权利配置强弱（$1-\eta$）以及劳动者预期获得的剩余 $\mu(z)-\underline{L}$。

式（5.2）主要由三个部分组成：第一部分是给定劳动者个人特征 z 情况下的预期劳动收入 $\mu(z)$，也被称为"公平"劳动收入；第二部分是劳动者通过拥有的权利配置可以从资本方获得预期剩余 $\eta[\bar{L}-\mu(z)]$，这一部分有利于提高劳动收入；第三部分是资本方通过拥有权利配置可以占有劳动者的预期剩余 $(1-\eta)[\mu(z)-\underline{L}]$，这一部分有利于资本方降低劳动者劳动收入。因此，根据劳资双方权利配置强弱，可以得到劳动者劳动收入形成过程中劳资双方最终形成的净剩余（Net Surplus）：

$$NS=\eta[\bar{L}-\mu(z)]-(1-\eta)[\mu(z)-\underline{L}] \tag{5.3}$$

式（5.3）的含义是：如果 $NS>0$，则表明劳动者通过拥有的权利配置可以从资本方获得预期剩余，从而提高劳动者的劳动收入，且劳动者拥有强于资本方的权利配置，如图5.3所示。

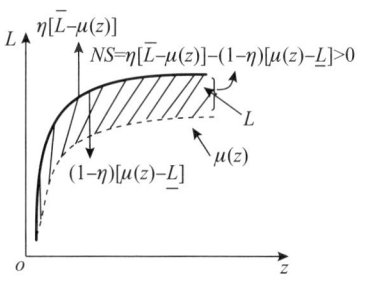

图 5.3 $NS>0$ 的随机边界分布

注：坐标轴中的虚线代表公平劳动收入 $\mu(z)$，加粗实线代表劳动者最终获得的劳动收入，阴影部分表示劳资双方最终预期净剩余 NS。

资料来源：作者自己绘制。

如果 $NS<0$，则表明资本方通过拥有的权利配置可以掠取劳动者的预期剩余，从而压低劳动者获得的劳动收入，且资本方拥有强于劳动者的权利配置，如图5.4所示。

在式（5.2）的框架下，资本方拥有的权利配置对于最终形成劳动者的劳动收入具有负效应，劳动者拥有的权利配置对于获得的最终劳动收入具有正效应，劳动收入形成最终是一个劳资双方双边作用的结果，根据 Polachek 等（1996）的研究，可以将式（5.2）简写为如下形式：

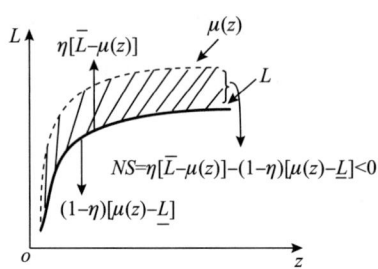

图 5.4 NS < 0 的随机边界分布

注：坐标轴中的虚线代表公平劳动收入 $\mu(z)$，加粗实线代表劳动者最终获得的劳动收入，阴影部分表示劳资双方最终预期净剩余 NS。

资料来源：作者自己绘制。

$$L_i = \mu(z_i) + u_i - w_i + \gamma_i$$
$$= \mu(z_i) + \varepsilon_i$$
$$= z_i'\delta + \varepsilon_i \quad (5.4)$$

式（5.4）中，z_i 代表样本个体特征，包括劳动者的学历、职称、执业水平、性别、工作经验以及其他方面特征因素；δ 为估计参数向量。

式（5.4）是一个典型的双边随机前沿模型（Kumbhakar 等，2009）。其中，$\varepsilon_i = u_i - w_i + \gamma_i$。$u_i$ 用来描述劳动者通过获得一部分企业剩余来提高劳动收入，且 $u_i = \eta_i[\overline{L} - \mu(z_i)] \geqslant 0$，$w_i$ 用来描述资本方通过"攫取"一部分劳动者剩余来压低劳动者所能获得的劳动收入，且 $w_i = (1 - \eta_i)[\mu(z_i) - \underline{L}] \geqslant 0$，$\gamma_i$ 代表一般意义上的随机扰动项。

由于一般估计方法只能对随机扰动项 γ_i 进行估计，但本书关心的不仅是估计一般的参数 δ，而且是影响劳动收入 L_i 偏离"公平"价格 $\mu(z_i)$ 程度的 u_i 和 w_i 两个参数，基于此原因，本书采取最大似然估计（MLE）来对式（5.4）进行估计。模型估计做如下假设：

（1）干扰项 u_i 和 w_i 都具有单边分布（One-sided Distribution）的特征，为此，本书采取与 Kumbhakar 等（2009）相同的处理方法——假设两者均服从指数分布，① 即 $u_i \sim i.i.d. Exp(\sigma_u, \sigma_u^2)$，$w_i \sim i.i.d. Exp(\sigma_w, \sigma_w^2)$。

---

① Kumbhakar 等（2000）的研究表明，采用不同的分布假设对结果并没有实质性的影响，可以将 u_i 和 w_i 假定服从单边分布、伽玛分布、单边分布等单边分布形式，但为便于研究，本书沿用 Kumbhakar 等（2009）和卢洪友等（2013）的处理方法，对 u_i 和 w_i 指数分布。

(2) 一般随机干扰项 γ_i 则服从正态分布, 即 $\gamma_i \sim i.i.d.\ N(0, \sigma_\gamma^2)$。

(3) 扰动项 u_i、w_i 和 γ_i 之间彼此独立, 且均独立于个体特征 z_i。

基于上述假设, 可推导出复合干扰项 ε_i 的概率密度函数如下:①

$$\begin{aligned} f(\varepsilon_i) &= \frac{\exp(m_i)}{\sigma_u + \sigma_w}\Phi(\beta_i) + \frac{\exp(a_i)}{\sigma_u + \sigma_w}\int_{-b_i}^{\infty}\phi(x)\mathrm{d}x \\ &= \frac{\exp(m_i)}{\sigma_u + \sigma_w}\Phi(\beta_i) + \frac{\exp(a_i)}{\sigma_u + \sigma_w}\phi(b_i) \end{aligned} \quad (5.5)$$

式 (5.5) 中, $\Phi(\cdot)$ 和 $\phi(\cdot)$ 分别为标准正态分布的累积分布函数和概率密度函数, 其他参数的设定如下:

$$m_i = \frac{\sigma_v^2}{2\sigma_w^2} + \frac{\varepsilon_i}{\sigma_w};\ a_i = \frac{\sigma_v^2}{2\sigma_u^2} - \frac{\varepsilon_i}{\sigma_u};\ b_i = \frac{\varepsilon_i}{\sigma_v} - \frac{\sigma_v}{\sigma_u};\ \beta_i = -\frac{\varepsilon_i}{\sigma_v} - \frac{\sigma_v}{\sigma_w}$$

对于包含 n 个观测值的样本而言, 可以推导出对数似然函数为:②

$$\ln L(Z;\theta) = -n\ln(\sigma_u + \sigma_w) + \sum_{i=1}^{n}\ln[e^{m_i}\Phi(\beta_i) + e^{a_i}\Phi(b_i)] \quad (5.6)$$

式 (5.6) 中, $\theta = [\delta, \sigma_v, \sigma_u, \sigma_w]$。通过对式 (5.6) 进行最大化处理, 最终可获得所有参数的最大似然估计值。

在 Jondrow 等 (1982) 研究的基础上, 本书进一步估计劳资双方所获得的预期剩余。对此, 本书推导出 u_i 和 w_i 的条件密度函数 $f(u_i|\varepsilon_i)$ 和 $f(w_i|\varepsilon_i)$, 则有:

$$f(u_i|\varepsilon_i) = \frac{(1/\sigma_u + 1/\sigma_w)\exp[-(1/\sigma_u + 1/\sigma_w)w_i]\Phi(w_i/\sigma_v + \beta_i)}{\exp(a_i - m_i)[\Phi(b_i) + \exp(m_i - a_i)\Phi(\beta_i)]} \quad (5.7)$$

$$f(w_i|\varepsilon_i) = \frac{(1/\sigma_u + 1/\sigma_w)\exp[-(1/\sigma_u + 1/\sigma_w)u_i]\Phi(u_i/\sigma_v + b_i)}{\Phi(b_i) + \exp(m_i - a_i)\Phi(\beta_i)} \quad (5.8)$$

以式 (5.7) 和式 (5.8) 推导出的 u_i 和 w_i 的条件密度函数为基础, 本书分别估计出劳动者劳动收入形成过程中 u_i 和 w_i 的条件期望:

$$E(w_i|\varepsilon_i) = \frac{1}{(1/\sigma_u + 1/\sigma_w)} + \frac{\sigma_v[\phi(-b_i) + b_i\Phi(b_i)]}{\Phi(b_i) + \exp(m_i - a_i)\Phi(\beta_i)} \quad (5.9)$$

$$E(u_i|\varepsilon_i) = \frac{1}{(1/\sigma_u + 1/\sigma_w)} + \frac{\exp(m_i - a_i)\sigma_v[\phi(-\beta_i) + \beta_i\Phi(\beta_i)]}{\Phi(b) + \exp(m_i - a_i)\Phi(\beta_i)} \quad (5.10)$$

---

① 详情可参见 Kumbhakar 和 Christopher (2009) 附录部分。
② 应该说 MLE 对回归系数的估计与 OLS 估计是基本一致的, 但对于扰动项方差的估计则不同。n 越大, 则 MLE 估计结果越好。MLE 在大样本下估计性质良好, 满足一致性、最小渐进方差等性质, 明显优于 OLS 估计。

最终，式（5.9）、式（5.10）的估计结果分别表述为：

$$E(1-e^{-u_i}|\varepsilon_i)$$
$$=1-\frac{(1/\sigma_u+1/\sigma_w)}{1+(1/\sigma_u+1/\sigma_w)}\frac{[\Phi(\beta_i)+\exp(a_i-m_i)\exp(\sigma_v^2/2-\sigma_v b_i)\Phi(b_i-\sigma_v)]}{\exp(a_i-m_i)[\Phi(b_i)+\exp(m_i-a_i)\Phi(\beta_i)]}$$

(5.11)

$$E(1-e^{-w_i}|\varepsilon_i)$$
$$=1-\frac{(1/\sigma_u+1/\sigma_w)}{1+(1/\sigma_u+1/\sigma_w)}\frac{[\Phi(b_i)+\exp(m_i-a_i)\exp(\sigma_v^2/2-\sigma_v\beta_i)\Phi(\beta_i-\sigma_v)]}{\Phi(b_i)+\exp(m_i-a_i)\Phi(\beta_i)}$$

(5.12)

为方便估计，本书将净剩余 NS 进行调整，进一步表示为：

$$NS = E(1-e^{-w_i}|\varepsilon_i) - E(1-e^{-u_i}|\varepsilon_i) = E(e^{-u_i}-e^{-w_i}|\varepsilon_i) \quad (5.13)$$

这里需要特别强调的是，调整后的 NS 表示为劳资双方所能够获得的预期剩余之差，此时符号与式（5.3）符号相反。由于估计模型可识别（Identifiable），[①] 因此无须事先对企业内部劳资双方的权利配置强弱的相对大小进行设定，而完全由估计结果决定（卢洪友等，2013）。

5.2 研究设计

5.2.1 数据来源与样本选择

数据来源于中国规模以上工业企业微观数据库，这个调查数据是国家统计局对全部国有和规模以上（主营收入≥500万元）非国有工业法人企业的工业统计报表数据库。每个企业样本包含100多个变量，1998~2008年进入样本库的观测值个数达到200多万个，统计行业对应于国民经济行业分类与代码（GB/T 4754—2002）中的代码13~43共30个行业所有工业制造业企业[②]，该数据库是目前可获得的最大企业层面微观数据库。

---

① 在式（5.11）至式（5.13）中，由于参数 σ_w 仅出现在 m_i 和 β_i 中，而 σ_u 则仅出现在 a_i 和 b_i 中，所以两者即可识别。

② 我国《国民经济行业分类》（GB/T 4754—2002）中并不包含行业38。

从劳动收入出发,通过分析权利配置影响企业要素收入分配的测度模型,本书的模型估计需要包含样本的个体特征z_i,这就对微观层面的数据内容提出了要求。综观微观层面的企业数据库,目前只有2004年中国工业企业数据库包含员工学历、性别、职称等个体特征信息,因此本书选取2004年的统计数据作为研究样本。值得注意的是,2004年中国工业企业数据库是除经济普查数据库外可获得的最大企业级数据库(聂辉华等,2012),① 非常具有代表性。

5.2.2 数据处理

2004年中国工业企业数据库提供了涉及员工个体特征较为全面的数据,这构成了本书研究的原始样本。本书基于以下原则对样本进行了筛选:

第一,剔除员工人均劳动收入②缺失的样本2934笔。

第二,剔除异常值样本1笔。③

第三,删除部分其他变量观察值缺失的样本4389笔。

第四,由于样本量大,本书还对关键指标在1%和99%分位进行Winsor处理,处理异常值27604笔。

基于以上原则,本书最终得到了271658笔观测值,这构成了本章研究的基础数据,样本分布情况如表5.1所示。

表5.1 样本分布状况

		观测样本	占比(%)	是否有工会(%)		是否有劳动、待业保险费(%)		是否有养老保险和医疗保险费(%)	
				否	是	否	是	否	是
所有权性质	国有企业	25339	9.33	1.80	7.53	3.78	5.54	2.88	6.45
	集体企业	23461	8.64	3.85	4.79	5.47	3.17	3.86	4.77
	法人企业	60077	22.11	11.68	10.44	14.12	7.99	10.31	11.80
	民营企业	122226	44.99	26.94	18.05	32.49	12.50	23.02	21.97
	港澳台企业	22014	8.10	5.12	2.98	3.81	4.29	2.04	6.06
	外商独资企业	18541	6.83	4.16	2.66	2.96	3.87	1.74	5.08

---

① 根据聂辉华等(2012)统计,2004年第一次全国经济普查年报公布的当年工业企业销售额为218442.81亿元,而当年中国工业企业数据库全部样本企业的销售额为195600亿元,约占全国的89.5%。

② 具体计算方法将在下文介绍。

③ 本书对所选取的变量进行数据处理时,发现变量"具有中级技术职称人员(女)"中一个样本值为"-6",因此,本书对这一观测异常值进行删除。

续表

		观测样本	占比(%)	是否有工会(%)		是否有劳动、待业保险费(%)		是否有养老保险和医疗保险费(%)	
				否	是	否	是	否	是
行业	竞争行业	260989	96.07	52.70	43.37	61.00	35.07	42.72	53.36
	垄断行业	10669	3.93	0.85	3.08	1.64	2.29	1.14	2.78
地区	中部地区	44147	16.25	7.71	8.54	11.47	4.78	9.98	6.27
	东部地区	199757	73.53	41.66	31.87	45.28	28.25	29.10	44.43
	西部地区	27754	10.22	4.17	6.04	5.88	4.34	4.78	5.44
合计		271658	100.00	53.55	46.45	62.63	37.37	43.86	56.14

注：关于所有权性质、行业性质、地区、工会等变量的确定方法将在下一节阐述。

资料来源：作者自己整理。

5.2.3 指标选取与统计性描述

根据权利配置影响企业要素收入分配的测度模型，本书从劳动者获得的劳动收入、劳动者个人特征变量和控制变量三个方面进行指标的选取。

劳动者劳动收入。在对劳动者劳动收入的衡量方面，本书选取员工人均劳动收入（Pay），即员工劳动收入与企业从业人数①之比作为衡量指标。主要采取数据库中的"本年应付工资总额、本年应付福利费用总额、劳动及待业保险费、养老保险和医疗保险费、住房公积和住房补贴"共五项之和作为员工劳动收入总额的替代（张杰等，2010）。

个体特征变量的选取。为了衡量式（5.2）中的"公平"劳动收入$\mu(z)$，本书选择如下个体特征变量：

（1）性别特征变量（gender），用男性从业人员与企业总从业人员之比表示，男性占比越高，员工的劳动收入越高（卿石松等，2013）。

（2）学历特征变量（edu），用本科及以上学历从业人员占比表示，具有较高的学历有助于提高劳动收入（罗楚亮等，2007）。

（3）职称特征变量（pro），用中级技术职称及以上人数占比表示。

（4）执业特征变量（pra），用高级技师、技师和高级工人数之和与从业人员

---

① 由于2004年工业企业数据库中并未提供"从业人数"这项指标，本书采取将"年末从业人员合计（男）"和"年末从业人员合计（女）"这两项指标加总计算企业当年的从业人数。

占比表示，即高执业水平人员占比。

（5）工作经验（exper），工作年限时间越长，一般代表拥有的经验越多，越有利于自身劳动收入提升（Blackburn 等，1992），由于工业企业数据库并不包含员工工资年限的数据，本书将企业年龄作为员工工作年限的代理变量，企业的年龄等于"被调查年份－开业年份＋1"，为具有直观的可比性，① 本书在第33百分位和第66百分位将样本的工作年限变量分为三组，其中，工作年限大于10年则取值为1，大于4年小于等于10年则取值为2，小于等于4年则取值为3，分别代表拥有的工作经验"高、中、低"。

（6）是否有劳动、待业保险费（insu_unem）。劳动、待业保险费的有无会直接影响员工对劳动收入的期望（insu_med），本书用虚拟变量方法对这一指标进行设定。

（7）是否有养老保险和医疗保险，设置方法同（6）。

控制变量的选取。本书选择如下控制变量：

（1）是否有工会（union）。工会对员工利益保障具有重要的作用（罗长远和张军，2009；魏下海等，2013），企业拥有工会将会有利于员工的劳动收入提高。

（2）所有权性质（ownership）。本书将所有权性质划分为六种类型：国有企业、集体企业、法人企业、民营企业、港澳台企业和外商独资企业。本书并未采取工业企业数据库提供的"工商登记注册号"来进行识别，② 而是根据"实收资本"一栏中的国家资本、集体资本、法人资本、个人资本、港澳台资本和外商资本实际占比大小来最终对所有权性质进行分类。

（3）行业类别（industry）。许多研究表明，垄断性行业相比一般竞争性行业更可能带来更高的收入差距（叶林祥等，2011；岳希明等，2010），本书将行业划分为垄断性行业和竞争性行业。根据岳希明等（2010）的研究，样本中的垄断性行业包括：①采矿业（B）中的"石油和天然气开采业（07）"；②制造业（C）中"烟草制品业（16）""石油加工、炼焦及核燃料加工业（25）"；③电力、燃气及水的生产和供应业（D）中的"电力、热力的生产和供应业（44）""燃气生产和供应业（45）""水的生产和供应业（46）"。样本中的其他行业则被划分为一般竞争性行业。

---

① 连玉君等（2007）对企业年龄采取了相同的处理办法。
② 聂辉华等（2012）指出，由于外资企业可以享受各种税收优惠，导致企业通过填报"登记注册号"来改变企业类型，这将导致依靠"登记注册号"来识别所有权类别的做法失效，因此根据实收资本比例来确定企业所有权更加准确。

(4) 地区类别 (province)。根据统计局 2003 年公布的标准,将全国 31 个省份划分为东部地区、中部地区和西部地区三大区域。①

根据对主要变量的统计性描述,可以发现,2004 年中国工业企业数据库样本的平均劳动收入为 1.1 万元。男性员工占比达到 73.6%,表明企业内部以男性员工为主。样本中的受教育程度、职业技能、执业水平普遍偏低。工作经验均值为 2.1,说明员工普遍工作时间较久,达到了中等经验水平。员工的劳动待业保险覆盖率和养老保险覆盖率分别为 37.4% 和 56.1%,工会覆盖率为 46.5%。样本中的垄断行业占比较低,只有 3.9%,与事实基本相符。主要变量的描述性统计如表 5.2 所示。

表 5.2 各主要变量的统计性描述

变量	变量名称	平均值	标准差	最小值	最大值	样本数
第一部分:因变量						
员工人均劳动收入(千元/人)	pay	11.030	7.107	3.446	31.15	271658
第二部分:个人特征变量						
男性员工占比	gender	0.736	0.125	0.500	1.000	271658
本科及以上从业人员占比	edu	0.038	0.090	0.000	1.000	271658
中级技术职称及以上人员占比	pro	0.042	0.085	0.000	1.000	271658
高执业水平人员占比	pra	0.027	0.079	0.000	1.000	271658
工作经验(经验高、中、低分别赋值 1、2、3)	exper	2.070	0.804	1.000	3.000	271658
是否有劳动、待业保险费(1 是 0 否)	insu_unem	0.374	0.484	0.000	1.000	271658
是否有养老保险和医疗保险费(1 是 0 否)	insu_med	0.561	0.496	0.000	1.000	271658
第三部分:控制变量						
是否有工会(1 是 0 否)	union	0.465	0.499	0.000	1.000	271658
所有权性质(六类)	ownership	—	—	—	—	—
行业类别(垄断性行业 1、竞争性行业 2)	industry	0.039	0.194	0.000	1.000	271658
地区类别(东部、中部、西部)	province	—	—	—	—	—

资料来源:作者自己整理。

---

① 其中,东部地区包括北京、天津、河北、辽宁、上海、江苏、浙江、福建、山东、广东、广西、海南 12 个省份;中部地区包括山西、内蒙古、吉林、黑龙江、安徽、江西、河南、湖北、湖南 9 个省份;西部地区包括四川、重庆、贵州、云南、西藏、陕西、甘肃、宁夏、青海、新疆 9 个省份。

5.3 权利配置影响企业要素收入分配的效应分析

在理论模型的设定和变量选择处理的基础上，本章将通过实证分析对影响劳动者获得劳动收入的因素进行回归分析，在此基础上进一步进行总方差分解，测度由于权利配置不同而带来的预期剩余规模，并分类对各因素的影响差异进行深入分析。

5.3.1 劳动收入影响因素的计量检验

基于前文建立的式（5.11）至式（5.13），对劳资双方在劳动者获得的劳动收入形成过程中由于权利配置差异而产生的效应进行分析。本书主要采用双边随机前沿分析方法进行测度，表5.3给出了基于双边随机前沿分析估计得到的实证回归结果。①

表5.3 基本估计结果

因变量	lnPay					
	模型1	模型2	模型3	模型4	模型5	模型6
gender	1.554*** (205.965)	1.556*** (211.222)	1.558*** (211.497)	1.542*** (209.462)	1.605*** (217.577)	1.697*** (232.298)
edu	1.234*** (71.343)	1.249*** (98.607)	1.259*** (99.386)	1.264*** (99.916)	1.169*** (93.435)	1.164*** (94.795)
pro	0.160*** (9.333)	0.133*** (9.952)	0.125*** (9.311)	0.103*** (8.039)	0.186*** (14.564)	0.263*** (20.827)
pra	0.004 (0.251)	−0.011 (−0.898)	−0.022* (−1.772)	—	—	—
exper	−0.028*** (−23.453)	−0.027*** (−23.334)	−0.022*** (−18.630)	0.019*** (−16.380)	−0.025*** (−20.464)	−0.023*** (−19.529)

---

① 本书对因变量员工的人均劳动所得（lnPay）进行 Winsor 处理后，再进行对数化处理。

续表

因变量	lnPay					
	模型1	模型2	模型3	模型4	模型5	模型6
$insu\_unem$	0.216***	0.213***	0.209***	0.206***	0.196***	0.196***
	(99.52)	(97.884)	(95.987)	(94.644)	(90.048)	(92.250)
$insu\_med$	0.285***	0.300***	0.296***	0.296***	0.284***	0.255***
	(135.457)	(141.276)	(138.946)	(139.059)	(134.145)	(122.101)
$union$	NO	NO	0.032***	0.026***	0.039***	0.053***
			(16.657)	(13.385)	(20.496)	(27.971)
$industry$	NO	NO	NO	0.177***	0.223***	0.250***
				(37.288)	(45.161)	(51.268)
$ownership$	NO	NO	NO	NO	五类企业符号均为正	五类企业符号均为正
$province$	NO	NO	NO	NO	NO	东部地区为负，中部地区为正
Constant	0.846***	0.697***	0.675***	0.682***	0.555***	0.461***
	(135.181)	(105.243)	(100.146)	(101.599)	(73.436)	(60.224)
lnv	—	−0.998***	−1.000***	−1.003***	−1.009***	−1.095***
		(−165.208)	(−165.843)	(−167.876)	(−167.637)	(−173.820)
lnu	—	−1.981***	−1.977***	−1.964***	−1.989***	−1.800***
		(−80.585)	(−81.420)	(−83.640)	(−79.138)	(−115.853)
lnw	—	−1.286***	−1.285***	−1.291***	−1.300***	−1.261***
		(−160.802)	(−161.819)	(−163.686)	(−166.103)	(−183.141)
$adj-R^2$	0.315	—	—	—	—	—
Log likelihood	—	−183829.93	−183691.33	−183015.33	−180694.50	−176083.93
LR（chi2）			277.19	1629.21	6270.85	15491.99
P-value	—		0.000	0.000	0.000	0.000
N	271658	271658	271658	271658	271658	271658

注：①***、**、*分别表示1%、5%和10%水平下显著，回归系数括号内为t值；②回归变量中，industry、ownership、province都采用虚拟变量，其中，industry以竞争性行业为基准，ownership以国有企业为基准，province以西部地区为基准。

资料来源：作者基于Stata软件估计。

为对比回归结果，本书对模型1进行最小二乘估计（OLS），对模型2至模型 6 通过逐步增加变量的方式采用双边随机前沿下的 MLE 估计。模型 3 通过增加工会变量使估计结果改善,但是本书发现,高执业人员占比(pra)回归系数在模型 1 至模型 3 中得到的结果基本不显著,即使显著也与预期符号相反,因此本书选择在模型 4 至模型 6 的回归中,将这一变量进行剔除,并逐步增加了行业类别、所有权性质和地区类别等控制变量,回归模型间具有显著差异, 模型的回归效果得到很大程度的改善,通过对数似然函数值(Log likelihood)结果,本书发现模型 6 对应值最大,这表明模型 6 最具有代表性。因此,本书后续的分析主要基于模型 6 的结果和变量进行。

表 5.3 的回归结果表明,男性员工占比、高学历因素、高职称因素、工作经验、工会、劳动、失业保险、养老和医疗保险等因素对员工劳动收入提高是正向效用。控制变量方面,垄断性行业相比竞争性行业更有利于提高员工劳动收入,本书似乎在这一点上并未得到国有企业支付了更高职工工资的结论(陆正飞等,2012)。② 相比西部地区,东部地区企业对员工劳动收入产生负效应,而中部地区更倾向于给员工高的劳动收入。

5.3.2 权利配置影响企业要素收入分配的总体效应估计与分析

在劳动者获得的劳动收入影响因素实证分析的回归基础上,本书进一步进行了方差分解,以估计权利配置影响企业要素收入分配的总体效应。表 5.4 汇报了权利配置影响企业要素收入分配的效应分析结果。结果显示权利配置对劳动者获得的劳动收入的形成具有非常重要的影响,而资本方明显拥有更强的权利配置,这将导致企业通过权利配置来压低劳动者获得的劳动收入,劳动者无法得到"公平"的劳动收入。其中,资本方拥有的权利配置系数达到 0.2834,劳动者拥有的权利配置系数只有 0.1654。$E(w - u) = \sigma_w - \sigma_u = 0.118$,这表明综合效应而言,强势的资本方权利配置将使员工获得的劳动收入低于"公平"劳动收入。扰动项的总方差为 0.2196,其中由劳资双方权利配置可以解释的部分达到 49.04%;在权利配置对劳动收入的总影响中,劳动者拥有的权利配置的影响只

---

① 本书对模型 3 至模型 6 相对于模型 2 进行了回归系数差异检验,显示结果如表 5.3 回归结果中的卡方值和对应的概率 p 所示,结果显示模型 3 至模型 6 是显著异于模型 2 的回归系数,本书剔除变量 pra 和逐步增加控制变量的回归是合理的。

② 通过回归,本书得到的结果是集体企业、民营企业、法人企业、港澳台企业和外资企业相比国有企业更有利于提高员工劳动收入,应用的是工业企业数据库,与陆正飞等(2012)采用的样本不同。后者应用的是上市公司数据库,虽然样本量只有 9204 个,但行业范围主要包括工业企业,且上市公司一般业绩更好,可能更有助于提高劳动收入,这可能是造成结论不一致的原因。

有25.39%；而资本方拥有绝对强势的权利配置，其影响高达74.61%。方差分解结果表明，虽然劳动者在劳动收入获得的过程中具有一定影响力，但是资本方却始终在劳动收入的形成过程中具有支配的绝对"权力"。

表5.4 权利配置影响企业内部劳动收入的效应分析

	变量含义	符号	测度系数
权利配置	随机扰动项	σ_v	0.3345
	劳动者拥有的权利配置	σ_u	0.1654
	资本方拥有的权利配置	σ_w	0.2834
方差分解	扰动项总方差	$\sigma_v^2 + \sigma_u^2 + \sigma_w^2$	0.2196
	总方差中双方共同的影响比重	$(\sigma_u^2 + \sigma_w^2)/(\sigma_v^2 + \sigma_u^2 + \sigma_w^2)$	49.04%
	劳动者拥有的权利配置影响比重	$\sigma_u^2/(\sigma_u^2 + \sigma_w^2)$	25.39%
	资本方拥有的权利配置影响比重	$\sigma_w^2/(\sigma_u^2 + \sigma_w^2)$	74.61%

资料来源：作者基于Stata软件估计。

为了分析劳资双方在员工劳动收入形成过程中由于权利配置差异而各自所获得的预期剩余以及净剩余，本书根据式（5.11）至式（5.13）进一步对劳资双方进行单边效应估计。

本书研究的重点是估算劳资双方在权利配置差异的情况下各自所能够获得的预期剩余，即式（5.11）和式（5.12），相应的$E(1-e^{-u_i}|\varepsilon_i)$和$E(1-e^{-w_i}|\varepsilon_i)$。其政策含义是资本方和劳动者在各自拥有的权利控制权条件下各自能够获得的预期剩余相对于"公平"劳动收入$\ln \hat{L} = z_i'\sigma$价格变动的百分比。从表5.5估计结果来看，平均而言，资本方拥有强势权利配置使劳动者获得的劳动收入低于"公平"劳动收入22.12%，而劳动者拥有弱势权利配置只能使劳动收入高于"公平"劳动收入14.19%。权利配置差异最终导致员工获得的劳动收入低于"公平"劳动收入7.93%。[①] 换言之，由于权利配置差异，如果劳动者能获得的"公平"劳动收入为100元，最终劳动者只能得到92.07元，而另外7.93元则由资本方"攫取"。以2004年中国工业企业数据库得到的平均员工劳动收入11000元/人来测算，劳动者实际应该得到的"公平"劳动收入应为11947.43元/人，足足少了947.43元。

---

① Kumbhakar等（2009）利用1966年的"NLS"数据库，最终测度美国14~24岁员工平均获得的工资低于基准工资2.2%，与本书的研究结论基本一致。

表 5.5　劳资双方获得的预期剩余估计

变量	平均值（%）	标准差（%）	Q1（%）	Q2（%）	Q3（%）
资本方：$\hat{E}(1-e^{-w}\mid\varepsilon)$	22.12	11.14	14.51	18.72	25.73
劳动者：$\hat{E}(1-e^{-u}\mid\varepsilon)$	14.19	5.08	10.84	12.74	15.84
净剩余：$\hat{E}(e^{-u}-e^{-w}\mid\varepsilon)$	7.93	14.84	-1.32	5.98	14.88

注：Q1、Q2、Q3 分别表示第一、第二、第三四分位，即第 25、第 50 和第 75 百分位，下同。
资料来源：作者基于 Stata 软件估计。

表 5.5 后三列更为详细地呈现了劳资双方获得预期剩余的分布情况，这表明劳资双方的权利配置强弱具有明显的异质性，但劳动者无疑在获得劳动收入的过程中普遍处于弱势地位。从第一四分位（Q1）可以发现，劳动者具有的权利配置强于企业，这说明低收入劳动者具有较强的权利配置，也反映出企业对于低收入群体可能会更加"照顾"（Kumbhakar 等，2009），例如，企业一般会对边远地区的员工每月给予一定的津贴，强化了这类员工的收入权。而在第三四分位（Q3），企业能够获得的净剩余达到 14.88%，说明有 1/4 的员工获得的劳动收入要远远低于"公平"劳动收入接近 15%。

本书更为直观地呈现了资本方、劳动者以及劳资双方净剩余具体分布情况。由图 5.5 和图 5.6 可知，无论是劳动者预期剩余还是资本方预期剩余，其分布都呈现出向右拖尾的特征，意味着只有少数资本方或劳动者能够在劳动收入形成过

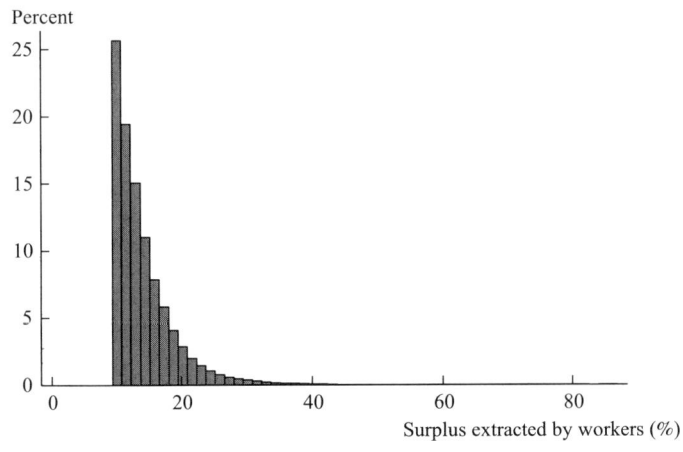

图 5.5　劳动者获得剩余的频数分布

程中拥有定价的绝对强势地位。值得注意的是，资本方在接近80%的位置仍具有拖尾现象，但是劳动者在接近40%的位置拖尾就几乎"消失"了，这表明资本方在劳动者获得劳收入过程中拥有较为强势的权利配置。图5.7显示，最终资本方拥有的净剩余明显大于零，只有不到10%的劳动者能够获得正剩余。换言之，另有超过90%的劳动者被迫接受低于"公平"价格的劳动收入。这表明资本方相对于劳动者拥有更强的权利配置，并最终依赖这种能力在员工劳动收入形成过程中尽可能地"压低"价格。

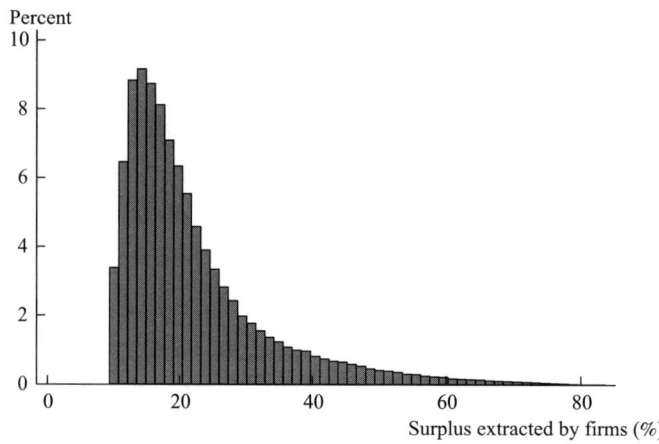

图5.6 资本方获得剩余的频数分布

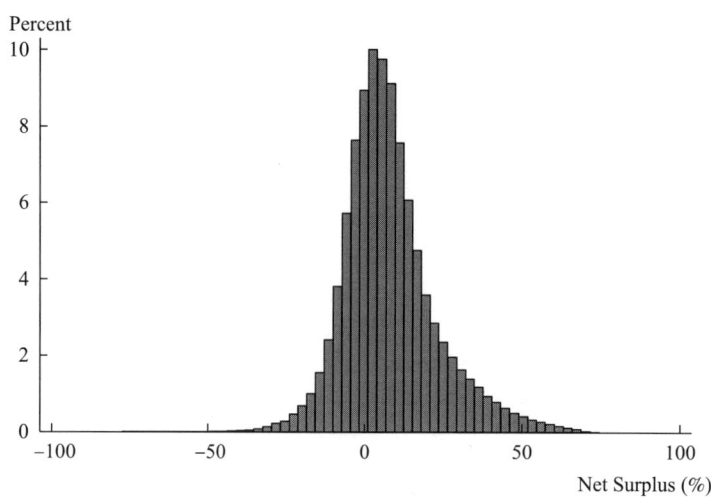

图5.7 劳资双方净剩余的频数分布

5.3.3 权利配置影响企业要素收入分配的单边效应估计与分析

劳资双方在员工劳动收入形成过程中的权利配置差异具有很强的异质性。为了进一步验证不同特征下劳动收入偏离的程度，本书从劳动和失业保险、工会、所有权性质、行业类别以及地区类别等方面进行分组统计，对资本方和劳动者的预期剩余分布特征进行深入分析。

由表5.6的统计结果可知，在保险因素方面，有劳动、失业保险的企业最终获得的净剩余要低于无劳动、失业保险的企业获得的净剩余约0.2%，虽然整体差异不大，但是仍然表明企业有劳动、失业保险对员工劳动收入的提高有利，而且从均值上看，有劳动、失业保险的企业员工获得的预期剩余要比无劳动、失业保险的企业员工多。从各分位上都可以看出虽然有所差异，但是在第一四分位（Q1）上有劳动、失业保险的企业员工具有更强的剩余控制权，而在第三四分位（Q3）上，后者又弱于前者。有劳动、待业保险的企业相比无保险的企业而言，无疑赋予了员工更多的保障权。Bowles 和 Gintis（1990）强调，保障能力对于维护员工在交换中产生的权益具有重要的保障作用，可以直接提高员工与企业的谈判能力。企业在给予员工享受各类保险权利的同时，等同于增强员工的权利配置能力，提高了员工的劳动收入。

表5.6 保险状况对劳资双方获得剩余的效应

变量	平均值（%）	标准差（%）	Q1（%）	Q2（%）	Q3（%）
无劳动、失业保险（insu_unem=0）					
资本方：$\hat{E}(1-e^{-w}\mid\varepsilon)$	22.08	11.41	14.54	18.73	25.11
劳动者：$\hat{E}(1-e^{-u}\mid\varepsilon)$	14.09	4.78	10.94	12.73	15.81
净剩余：$\hat{E}(e^{-u}-e^{-w}\mid\varepsilon)$	8.00	14.83	-1.26	6.00	14.17
有劳动、失业保险（insu_unem=1）					
资本方：$\hat{E}(1-e^{-w}\mid\varepsilon)$	22.17	10.67	14.47	18.70	26.94
劳动者：$\hat{E}(1-e^{-u}\mid\varepsilon)$	14.35	5.55	10.66	12.75	15.90
净剩余：$\hat{E}(e^{-u}-e^{-w}\mid\varepsilon)$	7.82	14.86	-1.43	5.96	16.28

资料来源：作者基于 Stata 软件估计。

在有无工会方面，仍然存在着差异。表5.7表明，有工会的企业员工获得的劳动收入要高于无工会的企业员工获得的劳动收入。虽然员工都面临低于"公平"劳动收入约8%的情况,但是有工会的资本方攫取劳动者的净剩余要少于无工会资本方攫取劳动者的净剩余0.13%。虽然不同分位的资本方面临的劳动收入被"压低"的程度有所差别,但是工会对于提高劳动者的权利配置仍具有积极的作用。

表5.7 工会状况对劳资双方获得剩余的效应

变量	平均值(%)	标准差(%)	Q1(%)	Q2(%)	Q3(%)
无工会(union = 0)					
资本方:$\hat{E}(1-e^{-w}\mid\varepsilon)$	22.16	11.40	14.52	18.72	25.49
劳动者:$\hat{E}(1-e^{-u}\mid\varepsilon)$	14.17	5.07	10.88	12.74	15.83
净剩余:$\hat{E}(e^{-u}-e^{-w}\mid\varepsilon)$	7.99	15.02	-1.31	5.98	14.61
有工会(union = 1)					
资本方:$\hat{E}(1-e^{-w}\mid\varepsilon)$	22.07	10.84	14.51	18.72	26.02
劳动者:$\hat{E}(1-e^{-u}\mid\varepsilon)$	14.21	5.10	10.80	12.74	15.85
净剩余:$\hat{E}(e^{-u}-e^{-w}\mid\varepsilon)$	7.86	14.63	-1.340	5.98	15.22

资料来源:作者基于Stata软件估计。

根据表5.8的统计结果,在所有权性质方面,资本方仍比劳动者拥有更为强势的权利配置能力,这使劳动者无法获得"公平"的劳动收入。资本方攫取的净剩余从高到低的顺序是"国有企业 > 集体企业 > 港澳台企业 > 法人企业 > 外商独资企业 > 民营企业",这表明国有企业并未因其国有性质而给予员工更多的权利配置。国有企业员工并不一定得到更高的劳动收入;相反,国有企业员工在获得劳动收入的过程中处于更加弱势的地位,究其原因可能在于国有企业利润上缴比例过低,企业内部的大量利润留存并未用于保障员工权益,而是更多地转化为设备、原料等用于企业发展,造成员工获得的权益普遍下降。进一步展开来看,国有企业1993~2007年长时期不上缴利润,随着市场化改革的推进,国有企业逐渐向民营企业"看齐",更加重视资本回报率,利润留存更多地转化为资本收益,内部权利的分配更加倾向于资本方,造成这一时期员工的劳动收入基本没有变化甚至降低,郭庆旺和吕冰洋(2012)、刘长庚等(2013)都指出了国有企业这一问题对收入分配的负面影响。但有趣的是,在第一四分位(Q1)国有企业员工能够获得的正净剩余明显高于其他性质企业,这表明国有企业在保障低收入者权益方面仍优于其他性质企业。

表5.8 所有权性质对劳资双方获得剩余的效应

变量	平均值（%）	标准差（%）	Q1（%）	Q2（%）	Q3（%）
国有企业（ownershipl=1）					
资本方：$\hat{E}(1-e^{-w}\mid\varepsilon)$	23.49	12.58	13.77	19.35	30.06
劳动者：$\hat{E}(1-e^{-u}\mid\varepsilon)$	14.94	7.13	10.31	12.47	16.83
净剩余：$\hat{E}(e^{-u}-e^{-w}\mid\varepsilon)$	8.56	17.84	-3.06	6.88	19.76
集体企业（ownership=2）					
资本方：$\hat{E}(1-e^{-w}\mid\varepsilon)$	22.44	11.67	14.33	18.70	26.18
劳动者：$\hat{E}(1-e^{-u}\mid\varepsilon)$	14.22	5.05	10.77	12.75	16.06
净剩余：$\hat{E}(e^{-u}-e^{-w}\mid\varepsilon)$	8.22	15.38	-1.73	5.94	15.41
法人企业（ownership=3）					
资本方：$\hat{E}(1-e^{-w}\mid\varepsilon)$	22.20	11.35	14.48	18.58	25.78
劳动者：$\hat{E}(1-e^{-u}\mid\varepsilon)$	14.15	4.93	10.83	12.81	15.88
净剩余：$\hat{E}(e^{-u}-e^{-w}\mid\varepsilon)$	8.05	14.94	-1.400	5.770	14.95
民营企业（ownership=4）					
资本方：$\hat{E}(1-e^{-w}\mid\varepsilon)$	21.65	10.63	14.78	18.64	24.52
劳动者：$\hat{E}(1-e^{-u}\mid\varepsilon)$	13.98	4.47	11.05	12.78	15.53
净剩余：$\hat{E}(e^{-u}-e^{-w}\mid\varepsilon)$	7.67	13.86	-0.74	5.86	13.47
港澳台企业（ownership=5）					
资本方：$\hat{E}(1-e^{-w}\mid\varepsilon)$	22.46	11.32	14.24	18.91	27.23
劳动者：$\hat{E}(1-e^{-u}\mid\varepsilon)$	14.33	5.28	10.63	12.65	16.18
净剩余：$\hat{E}(e^{-u}-e^{-w}\mid\varepsilon)$	8.12	15.32	-1.93	6.26	16.61
外商独资企业（ownership=6）					
资本方：$\hat{E}(1-e^{-w}\mid\varepsilon)$	22.20	10.59	14.25	19.04	27.41
劳动者：$\hat{E}(1-e^{-u}\mid\varepsilon)$	14.42	5.67	10.60	12.60	16.17
净剩余：$\hat{E}(e^{-u}-e^{-w}\mid\varepsilon)$	7.78	14.92	-1.93	6.44	16.81

资料来源：作者基于 Stata 软件估计。

同样，本书还对行业类别、地区类别等方面的异质性特征进行了分组对比分析，如表5.9和表5.10所示，结果都无一例外地表明劳动者被迫接受资本方提供的低于"公平"价格的劳动收入，只是不同分位劳动者之间所面临的幅度会有所差别。表5.9与表5.10的结果与第3章企业内部要素收入分配测算结果的结论相一致，即中西部地区的垄断企业更有利于资本分配。

表5.9 行业类型状况对劳资双方获得剩余的效应

变量	平均值（%）	标准差（%）	Q1（%）	Q2（%）	Q3（%）
垄断性行业（indu=1）					
资本方：$\hat{E}(1-e^{-w}\mid\varepsilon)$	22.10	11.16	14.53	18.71	25.61
劳动者：$\hat{E}(1-e^{-u}\mid\varepsilon)$	14.17	5.030	10.86	12.74	15.82
净剩余：$\hat{E}(e^{-u}-e^{-w}\mid\varepsilon)$	7.940	14.81	-1.290	5.970	14.75
竞争性行业（indu=0）					
资本方：$\hat{E}(1-e^{-w}\mid\varepsilon)$	22.42	10.65	14.10	19.01	28.80
劳动者：$\hat{E}(1-e^{-u}\mid\varepsilon)$	14.63	6.350	10.44	12.61	16.37
净剩余：$\hat{E}(e^{-u}-e^{-w}\mid\varepsilon)$	7.790	15.52	-2.270	6.400	18.37

资料来源：作者基于 Stata 软件估计。

表5.10 地区状况对劳资双方获得剩余的效应

变量	平均值（%）	标准差（%）	Q1（%）	Q2（%）	Q3（%）
东部地区（area=1）					
资本方：$\hat{E}(1-e^{-w}\mid\varepsilon)$	22.44	12.07	14.52	18.25	25.85
劳动者：$\hat{E}(1-e^{-u}\mid\varepsilon)$	14.08	4.610	10.82	12.96	15.83
净剩余：$\hat{E}(e^{-u}-e^{-w}\mid\varepsilon)$	8.360	15.41	-1.310	5.290	15.03
中部地区（area=2）					
资本方：$\hat{E}(1-e^{-w}\mid\varepsilon)$	22.02	10.88	14.52	18.83	25.66
劳动者：$\hat{E}(1-e^{-u}\mid\varepsilon)$	14.21	5.200	10.85	12.69	15.83
净剩余：$\hat{E}(e^{-u}-e^{-w}\mid\varepsilon)$	7.810	14.67	-1.310	6.150	14.81
西部地区（area=3）					
资本方：$\hat{E}(1-e^{-w}\mid\varepsilon)$	22.31	11.49	14.44	18.53	26.06
劳动者：$\hat{E}(1-e^{-u}\mid\varepsilon)$	14.18	4.980	10.79	12.83	15.92
净剩余：$\hat{E}(e^{-u}-e^{-w}\mid\varepsilon)$	8.130	15.13	-1.480	5.700	15.27

资料来源：作者基于 Stata 软件估计。

本章基于双边随机前沿分析方法构建了一个用于分析在权利配置不同条件下劳动者获得的劳动收入偏离程度的测度模型，探讨了劳资双方权利配置差异对劳动者获得的劳动收入的影响效应，利用2004年中国工业企业数据库从正面回答了劳动者是否获得了"公平"的劳动收入。研究结论如下：

第一，劳资双方所拥有的权利配置差异对最终劳动者获得的劳动收入具有非常重要的影响。方差分解显示,资本方相对于劳动者拥有更强的权利配置,使资本方可以通过攫取劳动者预期剩余来实现降低员工获得的劳动收入的目的。在企业内部,劳动者拥有的权利配置影响比重为25.39%,而资本方拥有的权利配置影响比重高达74.61%,权利配置差异对于劳动者最终形成的劳动收入综合影响为0.118,① 实际表明,这一效应将使劳动者获得的劳动收入低于"公平"的劳动收入。

第二,通过劳动者预期剩余与资本方预期剩余估计,平均而言,在劳动者的劳动收入形成的过程中,资本方凭借其强势的权利配置将以22.12%的幅度降低员工劳动收入,而劳动者由于其权利配置较弱只能以14.19%的幅度提高劳动收入。这两种相反效应最终作用的结果是使劳动者获得的劳动收入低于"公平"劳动收入幅度达到7.93%。换言之,由于劳资双方的权利配置差异,如果劳动者能获得的"公平"劳动收入为100元,最终只能得到92.07元。以2004年中国工业企业数据库统计得到的平均员工劳动收入11000元/人来测算,员工实际应该得到的"公平"劳动收入为11947.43元/人,足足少了947.43元。净剩余结果显示,只有不到10%的劳动者能够获得正剩余。换言之,另有超过90%的劳动者被迫接受低于"公平"价格的劳动收入。分位分析进一步表明,劳动力市场劳动收入形成的过程中,劳资双方拥有权利配置强弱具有明显的异质性,但劳动者无疑在获得劳动收入的过程中普遍处于弱势地位。

第三,为了进一步验证不同特征下企业内部劳动收入偏离的程度,本章从劳动和失业保险、工会、所有权性质、行业类别以及地区类别等方面进行分组测算,对劳资双方的预期剩余分布特征进行深入分析。结果同样表明,劳动者基本都面临接受不同程度低于"公平"价格的劳动收入,这一局面并未随个体特征而明显改善。

由于企业内部资本方拥有较为强势的权利配置,致使员工普遍没有获得"公平"的劳动收入。结果表明,要改革好企业内部收入分配问题,提高员工劳动收入,就必须强化员工的权利配置,从根本上调整企业和员工间的权利配置关系。企业应给予员工平等的参与权、共享的收入权和充分的保障权(刘长庚和韩雷,2012),切实保障劳动者平等获得收益的权利,加强对员工的人力资本教育和培训,赋予劳动者共享企业收益的权利,逐步实现提高企业内部劳动者获得权利配

---

① 这一数值并不具有绝对衡量标准,只是通过系数结果的描述来分析对劳动收入的具体影响效应,实际强弱程度应依据预期剩余的百分比来进行衡量。

置的目的。与此同时,要充分依托市场解决劳动力在不同所有权、行业、地区的流动性问题,工会、三方机制、保险等作用也不可忽视。

5.4 本章小结

本书基于双边随机前沿分析方法,测度与验证了劳资双方拥有的权利配置差异对企业内部劳动收入形成的影响效应,结果表明,劳动者并未获得"公平"的劳动收入。其主要结论如下:

(1) 劳资双方所拥有的权利配置差异对最终劳动者获得的劳动收入具有非常重要的影响。平均而言,企业内部资本方凭借其较为强势的权利配置将以 22.12% 的幅度降低劳动者获得的劳动收入,而劳动者只能以 14.19% 的幅度提高劳动收入,两种相反效应最终作用的结果是使劳动者获得的劳动收入低于"公平"劳动收入幅度达到 7.93%。换言之,由于企业内部劳资双方的权利配置差异,如果员工能够获得 100 元的"公平"劳动收入,最终员工只能得到 92.07 元。

(2) 劳动者普遍面临着接受不同程度低于"公平"价格的劳动收入,这一局面并未随个体特征而明显改善。

(3) 国有企业劳动者相比其他性质企业劳动者普遍拥有较弱的权利配置,国有企业内部收入分配制度亟须完善。本章的结论为这一领域的研究提供了企业层面的新证据,为企业内部收入分配制度进一步改革指明了方向。

第6章 权利配置影响企业要素收入分配占比变动的效果评估

权利配置对企业要素收入分配占比的影响,是本书实证重点研究的第二个问题。在第4章理论分析的基础上,利用1998~2007年中国工业企业数据库,通过实证分析方法和方差分解,重点回答了"权利配置在多大程度上影响了要素收入分配占比的变动"这一基本问题。本章包括四个方面内容:一是数据说明与计量模型构建,介绍样本选择、数据处理和计量模型的构建;二是变量定义与描述性统计;三是权利配置企业要素收入分配的回归分析,根据计量模型设定,重点检验各维度的权利配置代理变量对企业要素收入分配的影响;四是权利配置影响企业要素收入分配的解释程度,在6.3实证回归的基础上,通过方差分解,测度权利配置各维度对企业要素收入分配占比变化的贡献度。

6.1 数据说明与计量模型构建

本书数据来源于1998~2007年中国规模以上工业企业微观调查数据库,这个调查数据是国家统计局对全部国有和规模以上(主营收入≥500万元)非国有工业法人企业的工业统计报表数据库。每个企业样本包含100多个变量,1998~2007年进入样本库的观测值个数共计2224381,统计行业对应于国民经济行业分类与代码(GB/T 4754—2002)中的代码13~43共30个行业所有制造业企业,该数据库是目前可获得的最大的企业层面微观数据库,非常具有代表性。

由于本书使用样本年度跨度时期较长,需要对工业企业数据库进行详细的合并整理工作。中国工业企业数据库具体存在样本匹配混乱、指标缺失、指标大小异常等缺陷问题,对工业企业数据库的整合和处理是一项非常复杂的工作,很多研究也做了类似工作(Brandt等,2012;Yang等,2013)。简而言之,本书主要

基于以下原则对样本进行了处理:

(1) 构建面板。以法人代码为基准进行企业匹配,识别的原则是出现同一代码、不同名称或同一名称、不同代码的企业往往其他信息也不同,即为不同企业。由于工作量比较大,具体处理方法请参见本书第 3 章数据处理部分。

(2) 对行业代码进行调整。根据《国民经济行业分类》(GB/T 4754—2002) 标准,对 2003 年以前按照 GB/T 4754—1994 的企业按照小行业进行调整,使全样本行业口径保持一致。具体调整方法是将 1994GB 四位数行业分类对应到 2002GB 三位数行业分类,实现所有年份行业在 2002GB 三位数分类层面统一。

(3) 删除关键变量观察值缺失的样本。

(4) 删除错误记录和不满足逻辑关系的错误记录。例如,固定资产小于 0、本年应付工资总额小于 0、固定资产总值小于固定资产净值等。

(5) 为剔除兼并重组或业绩较差样本的影响,本书进一步剔除资产负债率大于 1 或小于 0,以及营业利润率大于 1 或小于 -1 的样本。

(6) 本书还对关键指标在 1% 和 99% 百分位进行 Winsor 处理以控制极端值。基于以上原则,本书最终得到了 1526699 笔观测值。①

为研究要素收入分配在企业微观层面的状况及考察权利配置各维度如何影响要素收入分配,本书在白重恩和钱震杰 (2008) 的基础上,结合张杰等 (2012)、胡奕明和买买提依明·祖农 (2013) 等的研究,设定权利配置影响企业要素收入分配的基本计量模型如下:

$$\ln Pay_{it} = a + \overbrace{\theta \ln hhi\_t_{it} + \varphi Monopoly_{it} + \partial \sum Capital_{it} + \zeta \sum District_{it}}^{\text{参与权代理变量}} + \underbrace{\gamma \ln size_{it} + \lambda \ln tfpop_{it} + \delta \ln KtY_{it}}_{\text{收入权代理变量}} + \underbrace{\eta \ln lev_{it} + \beta \ln age_{it} + \mu export_{it}}_{\text{保障权代理变量}} + \phi \sum X_{it} + \sigma_{it}$$

(6.1)

根据计量模型 (6.1) 的设定,被解释变量 $\ln Pay$ 需要进行三组检验,分别代表劳动要素收入分配占比的自然对数 $\ln labor$、资本要素收入分配占比的自然对数 $\ln profit$ 和政府部分收入分配占比的自然对数 $\ln gov$,设定方法见第 3 章。权利配置各维度的代理变量和控制变量的确定本书将在 6.2 节中进行阐述。

---

① 本章使用的数据范围和基本数据处理与第 3 章相一致,都是利用 1998~2007 年连续 10 年的中国工业企业数据库构成的面板数据,具体分析过程,请参考第 3 章内容,本书在此不再赘述。

第6章 权利配置影响企业要素收入分配占比变动的效果评估

6.2 变量定义与统计性描述

6.2.1 变量的选取

对解释变量确定。根据第3章内容,企业要素收入分配包括劳动要素收入、资本要素收入和政府部门收入。劳动要素收入占比、资本要素收入占比和政府部门要素收入占比的计算依据第3章的测算方法确定。

(1) 解释变量确定。解释变量最重要的是确定权利配置的三个维度,即参与权、收入权和保障权。根据第4章理论部分,参与权维度代表影响企业能否公平参与市场竞争的相关变量,本书选取参与权的代理变量为:①赫芬达尔指数(HHI)。用 $lnhhi\_t$ 表示,代表企业所在行业的市场集中程度,本书根据二位行业划分计算企业的 HHI 值。本书主要参照刘志彪等(2003)计算企业的 HHI 值,其计算方式为 $HHI = \sum (X_i/X)^2$,其中 $X = \sum X_i$,X_i 为企业 i 的销售额。②按垄断性质划分的行业类型。用 $Monopoly$ 表示,设置为虚拟变量。其中,垄断行业为1,其他为0。根据岳希明等(2010)的研究,样本中的垄断性行业包括:采矿业(B)中的"石油和天然气开采业(07)";制造业(C)中的"烟草制品业(16)""石油加工、炼焦及核燃料加工业(25)";电力、燃气及水的生产和供应业(D)中的"电力、热力的生产和供应业(44)""燃气生产和供应业(45)""水的生产和供应业(46)"。样本中的其他行业则被划分为一般竞争性行业。③企业的所有权性质。Capital 代表所有权性质。本书将所有权性质划分为六种类型:国有企业(Capital_state)、集体企业(Capital_coll)、法人企业(Capital_corp)、民营企业(Capital_pers)、港澳台企业(Capital_hk)和外商独资企业(Capital_for)。本书并未采取工业企业数据库提供的"工商登记注册号"来进行识别,① 而是根据"实收资本"一栏中的国家资本、集体资本、法人资本、个人资本、港澳台资本和外商资本实际占比大小来最终对所有权性质进行

---

① 聂辉华等(2012)指出,由于外资企业可以享受各种税收优惠,导致企业通过填报"登记注册号"来改变企业类型,这将导致依靠"登记注册号"来识别所有权类别的做法失效,因此根据实收资本比例来确定企业所有权更加准确。

分类。④地区类别。District 代表地区类别。根据统计局2003年公布的标准,将全国31个省市自治区划分为东部地区、中部地区和西部地区三大区域。其中,东部地区包括北京、天津、河北、辽宁、上海、江苏、浙江、福建、山东、广东、广西、海南12个省份;中部地区包括山西、内蒙古、吉林、黑龙江、安徽、江西、河南、湖北、湖南9个省份;西部地区包括四川、重庆、贵州、云南、西藏、陕西、甘肃、宁夏、青海、新疆10个省份。

(2) 收入权维度代理变量的确定。收入权维度只能影响企业内的员工或劳动者能否更加公平,更多地获得相应的收入,与企业盈利能力密切相关。根据相关研究,本书选取收入权的代理变量如下:①企业规模。ln*size* 代表企业规模的自然对数,本书使用固定资产总额代表企业规模。规模较大的企业一般会受到的扶持和吸收就业的能力较强,更有利于给予劳动者更多的收入权。②全要素生产率。ln*tfpop* 代表全要素生产率(Total Factor Productivity,TFP)。大量研究表明,全要素生产率能够显著影响企业内部的要素收入分配,对企业内部的收入权配置具有重要影响。本书使用一致半参数 OP 法对二分位的行业的 TFP 值进行分别核算,具体计算方法可参见 Yang 等(2013)。③资本—产出比。ln*KtY* 是"资本—产出比"K/Y 的自然对数,用"固定资产年均净额与企业增加值之比"表示。根据白重恩和钱震杰(2008),本书主要用 K/Y 检验要素替代弹性与1的具体关系。根据白重恩和钱震杰(2008)的研究,当资本收入份额不随 K/Y 变化时,则要素替代弹性为1;当资本收入份额随 K/Y 增加,则要素替代弹性大于1;当资本收入份额随 K/Y 减少,则要素替代弹性小于1。

(3) 保障权代理变量的确定。根据企业内部保障权的定义,适合的变量包括企业内部的五险一金、工会经费、职工教育经费等变量,但是由于中国工业企业数据库并未在样本范围内提供这几种变量的完整数据,很多变量只提供一年或者中间很多年份缺失,因此本书无法直接选择与保险或经费相关的变量。① 本书选取如下变量作为保障权的代理变量:①企业年龄。ln*age* 代表企业年龄的自然对数,具体计算方法是"被调查年份-开业年份+1"。相关研究表明,随着企业年龄的增长,企业更注重对企业内部劳动者的保障,倾向于建立内部完备的保障制度。②出口。*export* 代表企业是否出口,采用虚拟变量形式,企业出口设为1,其他为0。由于我国企业出口主要依赖于劳动力低成本的比较优势,企业的

---

① 根据作者统计,中国工业企业数据库指提供了2004年的工会经费、差旅费;劳动、待业保险费缺失2004年和2005年的数据;住房公积金、养老医疗保险费只有2001年和2004~2007年数据。而国泰安(CSMAR)、万德(Wind)等上市公司数据库也未提供相类似数据。

出口行为必然有利于保障内部员工获得更高的劳动收入。③资产负债率。ln*lev* 代表资产负债率的自然对数，胡奕明和买买提依明·祖农（2013）的研究表明，企业的资产负债结构对企业内部要素收入分配起到一定的保障作用。

对控制变量的确定。控制变量用 $\sum X$ 表示。包括行业因素（industry，二分位，共计 30 个行业）和年份因素（year，共计 10 年）。

本书的选取的变量设置如表 6.1 所示。

表 6.1　变量定义

变量	变量名称	变量定义
第一部分：因变量		
劳动要素收入占比	labor	请参见第三章
资本要素收入占比	profit	同上
政府部门收入占比	gov	同上
第二部分：自变量		
（1）参与权维度		
赫芬达尔指数	hhi_t	请参见刘志彪等（2003）定义
行业类型	Monopoly	请参见岳希明等（2010）定义
所有权性质	Dum_ownship	根据实收资本占比大小确定
地区类别	Dum_district	根据统计局 2003 划分标准
（2）收入权维度		
企业规模	size	用固定资产总额代表
全要素生产率	tfpop	具体参见 Yang 等（2013）
资本—产出比	KtY	固定资产年均净额/企业增加值
（3）保障权维度		
企业年龄	age	被调查年份－开业年份＋1
出口	export	"出口"＝1；"非出口"＝0
资产负债率	lev	总负债/总资产
第三部分：控制变量		
行业虚拟变量	industry	根据行业二分位确定的虚拟变量
年份虚拟变量	year	年份的虚拟变量

资料来源：作者自己整理。

6.2.2 统计性描述

对变量进行定义后,本书对主要变量进行了相应的统计性描述,统计的主要指标包括 mean(平均值)、sd(标准差)、CV(变异系数)、① min(最小值)、p50(中位数)和 max(最大值)。主要变量的描述性统计如表 6.2 所示。

表 6.2 各主要变量的统计性描述

			Panel A:基本变量的描述				
变量	样本量	mean	sd	CV	min	p50	max
ln$labor$	1526699	3.599	0.645	0.179	-2.640	3.734	4.630
ln$profit$	1526699	3.382	0.824	0.244	-7.650	3.566	4.613
lngov	1526699	2.806	0.963	0.343	-13.17	3.096	4.605
lnage	1526699	2.199	0.755	0.344	0.693	2.079	5.880
ln$size$	1526699	8.368	1.637	0.196	4.277	8.286	12.75
ln$tfpop$	1526699	1.306	0.336	0.257	-0.751	1.353	1.869
lnKtY	1526699	0.842	0.591	0.702	-0.00620	0.729	7.374
lnlev	1526699	3.862	0.672	0.174	1.276	4.063	4.599
$export$	1526699	0.278	0.448	1.612	0.000	0.000	1.000
ln$hhi\ t$	1526699	0.001	0.003	2.464	0.000	0.001	0.247

Panel B:要素分配份额按照企业性质分组均值的差异检验和单因素方差分析(单位:%)

变量	按垄断性质分组检验			按地区性质分组检验			组间差异F值
	$Non-monopoly$	$Monopoly$	$Diff.$	$East$	$Middle$	$West$	
$laboratio$	42.407	39.702	2.705***	42.392	40.424	44.147	1408.64***
$priforatio$	36.179	37.668	-1.489***	36.218	37.826	33.959	1510.99***
$govratio$	21.413	22.629	-1.216***	21.389	21.749	21.894	130.92***

变量	按所有权性质分组检验						组间差异F值
	$Capital\_coll$	$Capital\_coll$	$Capital\_corp$	$Capital\_pers$	$Capital\_hk$	$Capital\_for$	
$laboratio$	50.845	40.768	40.085	41.223	48.845	41.676	6984.12***
$prifiratio$	28.353	36.194	37.922	35.642	36.793	43.116	6191.61***
$govratio$	20.802	23.038	21.993	23.135	14.362	15.208	13270.18***

注:***代表在1%水平上显著。
资料来源:作者根据 Stata 软件统计。

---

① 在概率论和统计学中,变异系数,又称"离散系数",是概率分布离散程度的一个归一化量度,其定义为标准差与平均值之比。

根据因变量的统计结果，按照企业性质分组均值的差异检验和单因素方差分析检验结果见表6.2中的Panel B。结果显示：

（1）按垄断性质分组检验发现，垄断行业劳动要素收入占比较非垄断行业显著低2.7个百分点，而资本要素收入占比和政府部门收入占比较非垄断行业分别显著高1.5%和1.2%。这表明垄断行业更有利于提高资本要素收入，限制了竞争性企业公平参与竞争的权利，与白重恩和钱震杰（2008）的研究结论一致。

（2）按地区性质分组检验发现，东部地区、中部地区和西部地区之间的要素收入分配占比呈现显著的差别（在1%显著水平下）。在劳动要素收入占比方面，"西部>东部>中部"；在资本要素收入占比方面，"中部>东部>西部"；在政府部门收入占比方面，"西部>中部>东部"。单从地区来看，西部地区更有利于提高劳动要素收入占比，中西部地区在资本要素收入占比方面有趋同趋势，而西部地区资本要素收入占比平均值只有34%，结合政府部门收入占比看，西部地区产业结构明显落后于中部和东部地区，亟须进行相应的产业优化升级和调整。

（3）按所有权性质分组检验发现，六类企业之间的要素收入分配呈现显著差别（在1%显著水平下）。在劳动要素收入占比方面，"国有>港澳台>外资>民营>集体>法人"；资本要素收入占比方面，外资企业最高，次之是法人企业，而国有企业最低；在政府部门收入占比方面，由于受外部环境和政府税收政策法律法规等方面的优惠，港澳台、外资和国有企业政府要素收入占比最低，而民营企业的政府部门收入占比最高，这在一定程度上说明政府应进一步在税收方面对民营企业进行扶持。统计结果表明，1998～2007年连续十年的面板数据构成的样本观测值共1526699个。

6.3 权利配置影响企业要素收入分配占比的实证分析

根据计量模型6.1的构建，本书分别针对权利配置影响劳动要素收入占比、资本要素收入占比以及政府部门收入占比进行实证检验，并进行了相应的稳健性检验，以检验结果的真实性和可靠性。

6.3.1 回归结果与分析

本书在新古典模型和白重恩和钱震杰（2008）的基础上，结合张杰等（2012）、胡奕明和买买提依明·祖农（2013）研究设定计量模型（6.1），实证回归结果见表6.3。

表6.3 权利配置影响企业要素收入占比的回归分析

	因变量	ln*labor*		ln*profit*		ln*gov*	
		B	T	B	T	B	T
参与权	ln*hhi_t*	4.089***	-15.51	-0.816**	(-2.26)	-0.624	(-1.43)
	Monopoly	-0.204***	(-17.44)	0.536***	-33.33	-0.035*	(-1.82)
	Capital_coll	-0.128***	(-61.15)	0.264***	-91.75	0.020***	-5.86
	Capital_corp	-0.076***	(-37.81)	0.219***	-79.12	0.043***	-12.96
	Capital_pers	-0.085***	(-43.74)	0.246***	-91.86	0.141***	-43.61
	Capital_hk	0.052***	-20.8	0.196***	-57.27	-0.494***	(-119.64)
	Capital_for	-0.026***	(-10.27)	0.269***	-76.38	-0.447***	(-105.29)
	East	-0.093***	(-57.94)	0.127***	-57.18	0.080***	-30.18
	Middle	-0.111***	(-60.76)	0.063***	-24.9	-0.035***	(-11.56)
收入权	ln*size*	-0.127***	(-369.17)	0.164***	-347.99	0.047***	-83.59
	ln*tfpop*	-0.653***	(-401.31)	0.481***	-215.38	0.412***	-153.14
	ln*KtY*	0.200***	-198.83	-0.159***	(-114.93)	-0.207***	(-124.40)
保障权	ln*age*	0.058***	-89.12	-0.078***	(-87.79)	0.084***	-78.16
	export	0.191***	-170.52	-0.132***	(-85.58)	-0.210***	(-113.08)
	ln*lev*	0.151***	-226.48	-0.197***	(-215.84)	0.102***	-92.82
	行业	控制		控制		控制	
	年度	控制		控制		控制	
	Constant	4.728***	-373.79	1.880***	-108.29	1.645***	-78.67
	Adj-R²	0.301	—	0.193	—	0.143	—
	F值	11748.47	—	6522.11	—	4540.18	—
	Obs.	1526699	—	1526699	—	1526699	—

注：①***、**和*分别表示1%、5%和10%水平下显著，回归系数括号内为t值；②回归变量中，*Monopoly*、*ownership*、*district*、*export*都采用虚拟变量，其中，*Monopoly*代表以竞争性行业为基准，*ownership*代表以国有企业为基准，*district*代表以西部地区为基准，*export*代表以出口为基准；③行业控制到两分位行业代码。

资料来源：作者根据Stata软件估计。

根据表6.3的回归结果,在参与权方面,从HHI看,市场势力越强的企业,越有利于资本要素收入占比的提升,而不利于劳动收入占比提高。在行业性质方面,本书也证明了第3章的结论,垄断企业由于内部权利配置更倾向于资本方的分配,有助于提高资本要素收入占比,而不利于提高劳动要素收入占比。所有权性质方面,也证明了第3章的结论,但实证表明,港澳台企业相对国有企业更有利于劳动要素收入占比的提高,五类企业相对国有企业均都有利于提高资本要素收入占比,回归结果表明,国有企业由于其国有性质较其他性质企业仍更有利于劳动者,只是近年来由于向"民营企业看齐"、更注重资本回报率等原因,致使国有企业劳动要素收入占比下降显著。从地区分类看,东部和中部地区相比西部地区更不利于劳动收入占比的提高,而有助于资本收入占比的提高,这也验证了胡奕明和买买提依明·祖农(2013)的研究结论。在收入权方面,企业规模并不利于劳动要素收入占比的提高,而更倾向于资本要素收入占比的提升,这也证明了前文基本事实描述的结论(见第3章)。随着企业规模的提升,企业往往更注重资本方的利益,逐渐忽视劳动者的收入分配,而产生了这一结果。从全要素生产率来看,企业全要素生产率不利于提高劳动要素收入占比,而显著提高资本要素收入占比,这表明我国制造业企业的技术进步更依赖于对引进先进的国外设备来提高自身生产效率和生产水平,即主要是资本偏向型技术进步,但对企业内部的人力资本积累和对员工的素质培养方面却并不重视,更加倾向于对资本方的分配。从资本—产出比看,K/Y能够显著提高劳动收入,但却不利于资本要素收入的提高,根据白重恩和钱震杰(2008)的研究,要素替代弹性小于1,即1%的劳动相对价格增加,引起的资本—劳动比的增加小于1%,说明我国工业部门企业发展存在一定问题,可能产生发展陷阱,政府如果实施财政政策,将有效促进就业增长,改善要素分配现状。在保障权方面,证明了企业年龄、出口、资本负债率或债务风险低则更有利于提高劳动要素收入占比,即这样的企业更有利于劳动者权益的保护。从是否出口看,企业出口仍然可以显著提高劳动要素收入份额,而不利于资本要素收入份额的提升。这表明我国目前的出口优势仍是低成本的劳动力禀赋,即越是劳动密集型企业越倾向于出口。

6.3.2 进一步的稳健性检验

根据模型设定,本书还进行了多方面的稳健性检验,这些工作包括:

（1）根据张杰等（2012）对劳动收入的定义，[①] 将本书"狭义"的劳动收入定义为"广义"的劳动收入，即在本书定义的劳动收入基础上，加上"劳动待业保险费、养老保险和医疗保险费、住房公积金和住房补贴"三项，剔除2004年之前的样本。替代后的回归结果与之前结果相一致，结论不变。

（2）在（1）的基础上，为克服企业年龄和企业规模可能随时间变化而产生的序列相关性，本书将企业年龄和企业规模根据区间样本的第33百分位和第66百分位，分别划分为三类，年龄大的企业为3，年龄中的企业为2，年龄小的企业为1，企业规模按相同方法处理。替代后进行回归，结果仍不变。

（3）在（2）的基础上，根据所有权性质、垄断性质和地区进行分类，分别进行回归，结果表明各因素对要素分配的影响符号基本不变，只是不同性质企业的影响程度存在差异，结论基本一致。

6.4 权利配置对企业要素收入分配占比影响的解释程度

现有文献主要通过实证探寻到底什么因素影响要素收入分配，但是具体测度哪些因素到底多大程度影响要素收入分配的研究仍少之又少，这恰恰是相关研究所忽视的地方。根据表6.3的回归结果，要完成这项工作，需借助回归方程的方差分解进行进一步探讨。首先，从权利配置研究要素收入分配为本书的研究提供了崭新的视角。其次，在实证回归的基础上，将权利配置纳入企业要素收入分配的研究更加符合现实，进一步通过方差分解，实证检验权利配置各维度对企业要素收入分配的解释程度，寻找影响企业要素收入分配的真正原因。

6.4.1 基于回归方程方差分解的评述

Oaxaca（1973）和Blinder（1973）是基于回归方程分解分析方法研究的先驱，他们提出了分解收入均值的组间差异的方法。最先将回归分解方法应用到收

[①] 张杰等（2012）将劳动报酬定义为"本年应付工资总额、本年应付福利费总额、劳动待业保险费、养老保险和医疗保险以及住房公积金和住房补贴"五个方面，但由于中国工业企业数据库有些指标缺失，为保持连贯性，本书将劳动报酬定义为工资总额和福利费总额两个方面，而对于张杰等（2012）定义的"广义"劳动报酬，本书只能通过2004～2007年数据进行进一步的稳健性检验。

入分配均值分解,但该方法并未量化各解释变量对被解释变量的贡献度。

在新近的文献中,Fields 和 Yoo（2000）、Morduch 和 Sicular（2002）基于回归方程识别和量化了各影响因素的贡献度。Fields 和 Yoo（2000）要求使用半对数形式的线性收入决定函数,并使用变异系数平方来衡量差距程度 Morduch 和 Sicular（2002）要求使用标准的线性函数进行分解分析,其基本思路可以概括为,如果 $Y = \sum \beta_i X_i + \beta_0$,那么收入 Y 的基尼系数就可以表示为各解释变量 X 的拟基尼系数的加权和：

$$Gini(Y) = \sum \beta_i \frac{E(X_i)}{E(Y)C(X_i)}$$

其中,β_i 代表解释变量 X_i 的边际收入,为根据回归模型得到的相关系数,E 表示期望值,$C(X_i)$ 表示解释变量 X_i 的拟基尼系数。

Morduch 和 Sicular（2002）直接在常用回归方程的基础上建立了分解的新方法,但这种方法忽视了残差项和常数项的解释能力,进而高估被解释变量对方程的贡献度。X. B. Zhang 和 K. H. Zhang（2003）在 Shorrock（1982）的基础上,建立了关于双对数模型的具体分解方法。其基本公式可以表示为,如果 $Y = a + \sum \beta_i X_i + \varepsilon$,那么可以得到：

$$\sigma^2(Y) = \sum \beta_i \text{cov}(Y, X_i) + \sigma^2(\varepsilon) \tag{6.2}$$

式（6.2）中,β_i 表示多元回归方程中各自变量系数,$\sigma^2(Y)$ 表示因变量 Y 的方差,$\text{cov}(Y, X_i)$ 表示因变量与自变量 X 的协方差,ε 表示服从正态分布的随机误差项。本书根据式（6.2）对计量模型（6.1）进行方差分解可得：

$$\sigma^2(Y) = \begin{cases} \sum_{i=1}^{n} \beta_{1i} \text{cov}[\log(Y_1), \log(X_i)] + \sigma_1^2(\varepsilon) \\ \sum_{i=1}^{n} \beta_{2i} \text{cov}[\log(Y_2), \log(X_i)] + \sigma_2^2(\varepsilon) \\ \sum_{i=1}^{n} \beta_{3i} \text{cov}[\log(Y_3), \log(X_i)] + \sigma_3^2(\varepsilon) \end{cases} \tag{6.3}$$

式（6.3）中,n 代表自变量个数。本书主要根据式（6.3）进行。

6.4.2 权利配置对要素收入分配占比的总体贡献度

基于 X. B. Zhang 和 K. H. Zhang（2003）的分解结果见表 6.4。

表6.4 单因素对企业要素收入占比影响的解释程度　　　　单位:%

因素		laboratio			prifiratio			govratio		
		平均解释程度	最大解释程度	最小解释程度	平均解释程度	最大解释程度	最小解释程度	平均解释程度	最大解释程度	最小解释程度
参与权	HHI	-0.044	-0.025	-0.063	-0.002	-0.001	-0.003	-0.002	-0.001	-0.004
	Monopoly	0.167	0.358	-0.078	0.146	0.573	-0.373	-0.019	-0.013	-0.028
	Dum_ownership	0.835	1.686	0.524	1.006	2.221	0.131	5.093	6.090	4.232
	Dum_district	0.199	0.295	0.061	1.707	3.913	-2.347	0.048	0.119	-0.034
收入权	size	4.888	6.503	1.762	6.813	9.875	3.036	-0.182	0.325	-0.580
	tfpop	11.505	15.321	8.449	3.913	5.794	2.584	1.829	2.160	1.311
	KtY	2.241	3.975	1.199	0.222	1.350	-0.655	1.723	1.965	1.281
保障权	age	0.732	1.475	0.270	0.664	1.345	0.124	0.469	0.764	0.318
	export	1.675	2.248	1.240	0.239	0.544	0.091	1.451	2.062	0.897
	lev	2.653	3.376	2.159	2.841	3.938	2.210	0.766	0.848	0.646
总体解释程度		24.851	35.213	15.525	17.548	29.551	4.796	11.175	14.321	8.038

资料来源:作者根据Stata软件统计。

表6.4的回归方差分解结果呈现如下特点:

(1)在劳动要素收入占比影响方面,贡献最大的是全要素生产率和企业规模。全要素生产率能够解释劳动要素收入份额变动的11.5%,最大解释程度达到了15.3%,结合表6.3的回归结果,可以发现目前我国制造业企业技术进步的"症结"所在是过度依赖资本偏向型技术进步,强化了资本相对劳动在企业利益间的权利分配,不仅对劳动要素收入占比提高不利,而且影响非常大。企业规模能够解释劳动要素收入占比变动的4.9%,这也进一步验证了第3章的结论,企业规模通过对权利配置中收入权的影响进而对要素收入分配的影响日益重要。企业的资本结构能够解释劳动收入份额变动的2.6%,说明企业在发展中要合理进行资本结构调整,使资本结构更有利于劳动者利益。企业出口也能够解释劳动收入入份额变动的1.7%,表明我国出口依赖低成本的劳动力禀赋优势仍然没有消失。值得注意的是,技术进步对劳动要素收入份额的影响非常大,而垄断、所有制等因素虽然对劳动收入份额变动具有一定影响,但并非主要因素。

(2)在资本要素收入占比影响方面,贡献最大的是企业规模因素,能够解释资本要素收入占比变动的6.8%,这表明大型企业更倾向于资本方的利益。全要素生产率的贡献率达到3.9个百分点,也是影响资本要素收入占比变动的主要因素。值得注意的是,K/Y 只能解释资本要素收入占比变动的 0.2 个百分点,解释能力有限,但仍能证明要素替代弹性小于 1。

(3)在政府收入方面,最大的影响因素是所有权性质,贡献率达到了 5 个百分点,说明不同所有权性质企业面临的外部政策环境存在显著差别(张杰等,2012),进而影响了企业参与市场竞争的权利。

通过以上分析可以发现,影响劳动和资本的主要因素是全要素生产率和企业规模,而垄断、HHI、地区等因素对劳动和资本要素分配的变动贡献并不大。

根据表 6.4 中单因素对企业要素收入分配的影响,进而研究权利配置各维度对要素收入分配的影响,如表 6.5 所示。

表 6.5 权利配置对企业要素收入占比影响的解释程度 单位:%

因素	laboratio			prifiratio			govratio		
	平均解释程度	最大解释程度	最小解释程度	平均解释程度	最大解释程度	最小解释程度	平均解释程度	最大解释程度	最小解释程度
参与权维度	1.16	2.31	0.44	2.86	6.71	-2.59	5.12	6.20	4.17
收入权维度	18.63	25.80	11.41	10.95	17.02	4.97	3.37	4.45	2.01
保障权维度	5.06	7.10	3.67	3.74	5.83	2.43	2.69	3.67	1.86
总体解释程度	24.85	35.21	15.53	17.55	29.55	4.80	11.18	14.32	8.04

资料来源:作者根据 Stata 软件统计。

表 6.5 中权利配置对企业要素收入分配影响的贡献度结果,呈现如下特点:

(1)总体来看,权利配置平均程度上能够解释企业内部劳动要素收入占比的 24.85%、资本要素收入占比的 17.55%、政府部门收入占比的 11.18%;能够解释劳动要素收入占比的最大程度为 35.21%、资本要素收入占比的 29.55%、政府部门收入占比的 14.32%;能够解释劳动要素收入占比的最小程度为 15.53%、资本要素收入占比的 4.8%、政府部门收入占比的 8.04%。分解结果表明,权利配置对企业要素收入分配的影响非常大。

(2)从权利配置各维度来看,收入权对企业的劳动和资本要素收入分配影响最大,平均解释程度分别达到 18.63 个和 10.95 个百分点。保障权对劳动和资本要素收入分配的影响次之,平均解释程度分别达到 5.06 个和 3.74 个百分点。参与权对劳动要素和资本要素的影响程度在权利配置中相对较弱,平均贡献程度分别达到 1.16 个和 2.86 个百分点。与劳动要素和资本要素收入占比不同,影响政府部门收入占比的最重要权利配置维度是参与权,平均解释程度达到 5.12 个百分点,这也与事实相一致,往往影响税收与企业的所有权性质具有密切的关系。收入权是影响政府部门收入占比的第二个权利配置因素,平均解释程度达到3.37个百分点,而保障权维度只有2.69个百分点。

(3)在劳动和资本要素收入占比方面,企业内部的收入权对劳动和资本要素的分配具有最重要的影响,收入权对劳动要素收入分配的影响尤为重要,达到了18.63个百分点。从分解结果看,企业内部的收入权配置更倾向于劳动者,提高劳动者获得收入的权利,有助于直接改善"资强劳弱"的格局。保障权对企业劳动和资本要素的分配具有重要影响,应重视企业内部的保障体系建设,重视员工的教育培训等方面。同时,参与权的作用不可忽视,应加强企业间的市场流动,建立公平公正的市场竞争体系,强化市场竞争。

6.4.3 权利配置对要素收入分配占比贡献度的动态变化

时间因素可能对要素份额的变动产生影响,为进一步分析权利配置各因素对资本和劳动要素的贡献程度,本书测算了样本区间内权利配置各因素对劳动和资本要素收入占比解释程度的动态变化,测算结果如表6.6至表6.8所示。

表6.6 权利配置各因素对企业劳动要素收入占比变动影响的解释程度 单位:%

年份	模型影响劳动要素收入各因素的解释能力								
	参与权维度				收入权维度			保障权维度		
	lhhi_t	Monopoly	Dum_ownship	Dum_district	lsize	ltfpop	lKtY	lage	export	llev
1998	-0.040	-0.078	1.686	0.287	15.321	3.975	2.159	1.475	1.362	2.159
1999	-0.029	-0.045	1.444	0.263	15.264	3.613	2.373	1.357	1.240	2.373
2000	-0.042	0.021	1.026	0.295	14.103	3.059	2.391	1.100	1.280	2.391
2001	-0.056	0.090	0.702	0.226	12.425	2.456	2.469	0.858	1.408	2.469
2002	-0.058	0.156	0.622	0.211	11.133	2.014	2.457	0.674	1.787	2.457
2003	-0.063	0.238	0.566	0.237	10.191	1.795	2.415	0.514	1.821	2.415
2004	-0.057	0.358	0.524	0.061	9.690	1.199	2.78	0.27	2.097	2.78
2005	-0.042	0.340	0.641	0.157	9.447	1.456	2.912	0.353	1.764	2.912
2006	-0.032	0.282	0.571	0.144	9.025	1.425	3.199	0.364	1.741	3.199
2007	-0.025	0.314	0.569	0.112	8.449	1.420	3.376	0.356	2.248	3.376
平均解释程度	-0.044	0.167	0.835	0.199	11.505	2.241	2.653	0.732	1.675	2.653
最大解释程度	-0.025	0.358	1.686	0.295	15.321	3.975	3.376	1.475	2.248	3.376
最小解释程度	-0.063	-0.078	0.524	0.061	8.449	1.199	2.159	0.270	1.240	2.159

资料来源:作者根据 Stata 软件统计。

表6.7 权利配置各因素对企业资本要素收入占比变动影响的解释程度 单位:%

年份	模型影响资本要素收入各因素的解释能力									
	参与权维度				收入权维度			保障权维度		
	lhhi_t	Monopoly	Dum_ownship	Dum_district	lsize	ltfpop	lKtY	lage	export	llev
1998	-0.001	-0.373	2.221	2.874	3.036	5.794	1.35	1.345	0.147	2.210
1999	-0.001	-0.268	2.029	2.879	3.979	5.395	1.218	1.227	0.091	2.415
2000	-0.002	-0.108	1.657	3.246	4.979	4.856	1.037	1.038	0.128	2.427
2001	-0.002	0.036	1.244	2.216	5.660	4.222	0.481	0.819	0.225	2.642
2002	-0.002	0.119	1.015	2.475	6.434	3.919	0.245	0.671	0.256	2.756
2003	-0.003	0.202	0.689	3.913	7.03	3.28	0.244	0.415	0.125	2.425
2004	-0.003	0.378	0.432	0.672	8.500	2.584	-0.628	0.124	0.254	2.776
2005	-0.002	0.461	0.363	0.929	9.182	3.09	-0.549	0.345	0.270	3.281
2006	-0.002	0.440	0.276	0.209	9.454	3.014	-0.655	0.355	0.347	3.542
2007	-0.002	0.573	0.131	-2.347	9.875	2.979	-0.521	0.301	0.544	3.938
平均解释程度	-0.002	0.146	1.006	1.707	6.813	3.913	0.222	0.664	0.239	2.841
最大解释程度	-0.001	0.573	2.221	3.913	9.875	5.794	1.35	1.345	0.544	3.938
最小解释程度	0.003	-0.373	0.131	-2.347	3.036	2.584	-0.655	0.124	0.091	2.210

资料来源:作者根据Stata软件统计。

表6.8 权利配置各因素对政府部门要素收入占比变动影响的解释程度 单位:%

年份	模型影响政府部门收入各因素的解释能力									
	参与权维度				收入权维度			保障权维度		
	lhhi_t	Monopoly	Dum_ownship	Dum_district	lsize	ltfpop	lKtY	lage	export	llev
1998	-0.003	-0.017	4.232	0.02	0.325	1.554	1.692	0.764	1.022	0.777
1999	-0.002	-0.013	4.685	-0.034	0.214	2.122	1.732	0.667	1.021	0.815
2000	-0.002	-0.013	4.397	0.057	0.235	2.160	1.713	0.497	0.897	0.848
2001	-0.003	-0.016	4.513	0.088	-0.006	2.135	1.965	0.349	0.989	0.819
2002	-0.004	-0.016	5.258	0.061	-0.166	1.772	1.915	0.318	1.492	0.807
2003	-0.001	-0.023	5.724	0.073	-0.318	2.066	1.914	0.334	1.707	0.769
2004	-0.001	-0.028	5.942	0.016	-0.561	1.915	1.727	0.394	2.062	0.78
2005	-0.001	-0.026	6.090	0.016	-0.58	1.746	1.664	0.449	1.953	0.646
2006	-0.001	-0.023	5.229	0.068	-0.515	1.506	1.624	0.450	1.691	0.675
2007	-0.001	-0.020	4.858	0.119	-0.450	1.311	1.281	0.464	1.679	0.722
平均解释程度	-0.002	-0.019	5.093	0.048	-0.182	1.829	1.723	0.469	1.451	0.766
最大解释程度	-0.001	-0.013	6.090	0.119	0.325	2.160	1.965	0.764	2.062	0.848
最小解释程度	-0.004	-0.028	4.232	-0.034	-0.580	1.311	1.281	0.318	0.897	0.646

资料来源:作者根据Stata软件统计。

表6.6至表6.8的结果，显示了主要因素对企业要素收入分配解释程度的动态变化。可以发现两个最显著的特点：

第一，从劳动要素和资本要素收入占比的变动来看，收入权维度中的全要素生产率和企业规模两个指标对企业劳动要素和资本要素的影响最大。从全要素生产率影响结果来看，虽然全要素生产率对劳动和资本要素的贡献都很大，平均解释力超过4个百分点，但是随着时间的影响，全要素生产率代表的技术进步对要素分配呈现逐年递减趋势，这进一步表明我国制造业企业单纯依靠从国外引进先进的生产设备即采取资本偏向型技术进步，忽视了企业对员工人力资本的积累，资本相对劳动在企业利益分割中占据主导地位，从而导致企业内部倾向于提高资本要素收益，而忽视劳动要素所得。以资本偏向型技术进步亟须转变为以劳动偏向性技术进步，这不仅有利于改善中国要素收入分配现状，更有利于推动企业的长期发展。从企业规模影响结果来看，无论对劳动要素，还是对资本要素，企业规模的解释程度随着时间的推移都呈不断上升态势。企业规模已经成为影响资本要素收入份额变动的最主要因素。

第二，在权利配置影响政府部门收入方面，所有权性质对企业的影响先上升，2006年以后略有下降，始终是影响政府部门收入份额变化的最主要因素，企业年龄对政府部门收入分配的变化也是呈逐年上升趋势。值得注意的是，企业规模和行业性质（垄断=1）对政府部门收入分配影响不仅为负，而且逐年下降。这表明政府对依靠垄断获得超额利润的垄断大型企业可能并没有展开行之有效的高税收政策。适当提高这类企业的资本所得税率，充分发挥税收调节的作用，将有利于调节收入分配（郭庆旺和吕冰洋，2012）。

在表6.6至表6.8方差分解结果的基础上，本书进一步测算了权利配置各维度对企业要素收入分配影响的动态变化，以清晰分析权利配置各维度对企业要素收入分配的影响效果如何演进。本书重点分析的是权利配置各维度对劳动要素和资本要素收入占比变动的影响贡献度，如图6.1所示。

图6.1清楚地呈现了权利配置三个维度对企业劳动和资本要素收入占比贡献的动态变化，呈现三个主要特点：

第一，总体来看，权利配置各维度对要素收入分配总体影响贡献大小依次为收入权、保障权和参与权。权利配置中的收入权维度无论对劳动要素收入占比还是资本要素收入占比的影响都最大，对劳动要素收入占比在样本区间内的平均贡献达到16.399个百分点，对资本要素收入占比在样本区间内的平均贡献达到10.948个百分点。保障权对劳动要素收入占比和资本要素收入占比的平均贡献

第6章 权利配置影响企业要素收入分配占比变动的效果评估

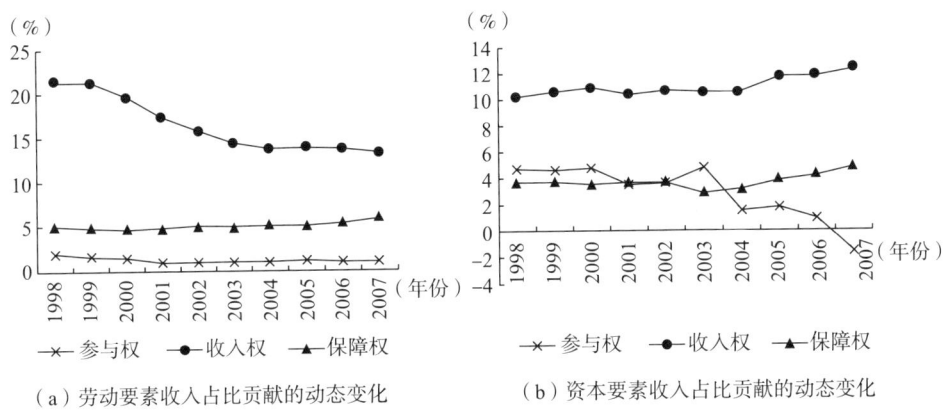

（a）劳动要素收入占比贡献的动态变化　　（b）资本要素收入占比贡献的动态变化

图 6.1　权利配置各维度对企业劳动和资本要素收入占比解释程度的动态变化

资料来源：作者自己绘制。

分别为 5.060 个和 3.744 个百分点；参与权对劳动要素收入占比和资本要素收入占比的平均贡献最小，分别为 1.158 个和 2.856 个百分点。

第二，根据图 6.1（a）所示，参与权虽然对企业劳动要素收入占比贡献最大，但是却在样本区间内呈逐年下降趋势，且趋势明显，从 1998 年的 21.455 个百分点下降到 2007 年的 16.399 个百分点，共计下降 5.056 个百分点，平均每年下降 2.7 个百分点。这表明企业内部的收入分配更加重视能够带来更高资本回报率的资本方，给予资本方的收入权越来越大，而对劳动者的收入权却日益不重视，最终造成收入权在企业劳动要素收入占比的变动中作用日益下降。保障权对企业内部的劳动要素收入占比作用日益提高，从样本区间最初的 4.996 个百分点提升到 5.980 个百分点，这表明伴随着企业制度的日益完善，企业更加注重内部员工保障体系的构建，普遍更加重视对员工享受医疗、失业保险、教育培训等基本权利的保障，也间接表明近些年来政府保障制度改革的成效显著。参与权对企业劳动要素收入占比的影响较为稳定。

第三，如图 6.1（b）所示，收入权对于企业内部资本要素收入占比的贡献最大，但是与对劳动要素收入占比的影响过程相反，收入权对资本要素收入占比的贡献呈逐年增长趋势，从样本区间最初的 10.180 个百分点提高到 12.333 个百分点，这一结果也证明了第二点的结论。保障权对企业资本要素收入占比的贡献呈先下降后上升的"U形"曲线，这进一步表明企业最初并不重视企业内部员工的保障权，随着企业内部治理机制和管理，以及政府在社保方面改革的影响，企业越来越重视提高员工的保障权,劳资关系日益和谐,这也进一步促进了保障权对资本要素收入占比的影响。参与权对企业内部资本要素收入占比的提升影响日益降低,从样本区间内最初的 4.721 个百分点下降到 -1.645 个百分点,共下降 6.366 个百分点,这表明市场机制有必要进一步进行完善。一方面,市场存在不公平竞争问题,垄断企业尤其是垄断国有企业拥有更多的"资源",使其在市场竞争中拥有更多的优势;另一方面,政府在资源配置中的作用过大,政府职能范围过宽,限制了企业在市场中参与资源配置的能力。权利配置对企业劳动和资本要素收入占比的解释程度具体测算结果如表 6.9 所示。

表 6.9 权利配置各维度对企业劳动和资本要素收入占比变动的解释程度

单位:%

年份	劳动要素收入占比			资本要素收入占比		
	参与权	收入权	保障权	参与权	收入权	保障权
1998	1.855	21.455	4.996	4.721	10.180	3.702
1999	1.633	21.250	4.970	4.639	10.592	3.733
2000	1.300	19.553	4.771	4.793	10.872	3.593
2001	0.962	17.350	4.735	3.494	10.363	3.686
2002	0.931	15.604	4.918	3.607	10.598	3.683
2003	0.978	14.401	4.750	4.801	10.554	2.965
2004	0.886	13.669	5.147	1.479	10.456	3.154
2005	1.096	13.815	5.029	1.751	11.723	3.896
2006	0.965	13.649	5.304	0.923	11.813	4.244
2007	0.970	13.245	5.980	-1.645	12.333	4.783
平均	1.158	16.399	5.060	2.856	10.948	3.744

资料来源:作者根据 Stata 软件统计。

6.4.4 进一步分析与实证结果的说明

通过实证分析,发现伴随着劳动要素收入占比逐年下降,资本要素收入占比逐年上升的现实情况下,收入权维度中的企业规模扮演着更加重要的角色,为何会出现这样的结果?为解答这一问题,本书进一步统计了企业规模与所有权性质企业的分布情况,具体如表 6.10 所示。

表6.10 企业规模和所有权性质全样本统计　　单位:%

企业规模	所有权性质					
	国有	集体	法人	民营	港澳台	外商独资
小规模	1.92	4.57	6.90	16.68	1.69	1.25
中等规模	1.68	4.42	7.41	15.42	2.33	1.73
大规模	3.95	3.40	8.47	10.90	3.40	3.87

资料来源：作者根据Stata软件统计。

表6.10的统计结果呈现两个主要特点：一是国有企业在大规模企业中的比例很高，占全样本的3.95%。二是民营企业在大规模企业中的比例最高，达到10.90%。导致大企业要素收入分配呈现上述变化的主要原因有两个：一是民营企业的发展。近些年，我国民营企业发展迅速，民营企业占全样本的比例为43%，根据2011年工业企业数据库测算，民营企业占比49.6%。[①] Bai等（2006）指出，资本要素收入占比连续增加的主要原因在于资本回报率稳定。对民营企业而言，对资本回报率的重视远远高于其他类型企业，造成民营企业内部倾向于给予资本更高的回报率。二是国有企业的利润上缴方式。本书进一步测算，大规模企业中的国有企业占整个国有企业的比重达到52.3%，占整个垄断行业的比重为60.4%。如果加上大规模企业中3.4%的集体企业，大规模的国有企业和集体企业数量达到112212家，是全样本垄断行业企业的1.1倍，这表明大规模的垄断国有企业内部要素收入分配趋势"不容乐观"。导致这一问题的主要原因在于大型垄断国有企业内部利润的上缴方式。在样本区间内，1993~2007年国有企业长时期不上缴利润，随着市场化改革的推进，国有企业逐渐向民营企业"看齐"，更加重视资本回报率，利润留存更多地转化为资本收益，但这一时期员工的劳动收入占比基本没有变化甚至降低，这便是造成国有企业在这一时期资本要素收入份额迅速提高，而劳动要素收入份额显著下降的主要原因，郭庆旺和吕冰洋（2012）、刘长庚等（2013）都指出，国有企业利润上缴过低这一问题对调节收入分配有负面影响。

在权利配置影响要素收入分配实证分析的基础上，根据X. B. Zhang和K. H. Zhang（2003）进一步对回归模型进行方差分解，重点回答了"权利配置在

[①] 根据本书处理方法，2011年中国工业企业数据库处理后的样本观测值共174528个，其中民营企业观测值达到86586个。

多大程度上影响企业要素收入分配"这一基本问题。研究结果发现：

第一，权利配置对企业要素收入分配影响的解释程度结果表明：①总体而言，权利配置平均程度上能够解释企业内部劳动要素收入占比的24.85%、资本要素收入占比的17.55%、政府部门收入占比的11.18%；能够解释劳动要素收入占比的最大程度为35.21%、资本要素收入占比的29.55%、政府部门收入占比的14.32%；能够解释劳动要素收入占比最小程度为15.53%、资本要素收入占比的4.8%、政府部门收入占比的8.04%。分解结果表明，权利配置对企业要素收入分配的影响非常大。②从权利配置各维度来看，收入权对企业的劳动和资本要素收入分配影响最大，平均解释程度分别达到18.63个和10.95个百分点。保障权对劳动和资本要素收入分配的影响次之，参与权影响相对最弱。

第二，权利配置对劳动和资本要素分配份额解释程度在时间上的动态变化表明：①总体来看，权利配置各维度对要素收入分配总体影响贡献大小依次为收入权、保障权和参与权。权利配置中的收入权维度无论对劳动要素收入占比还是资本要素收入占比的影响都最大，对劳动要素收入占比在样本区间内的平均贡献达到16.399个百分点，对资本要素收入占比在样本区间内的平均贡献达到10.948个百分点。②参与权虽然对企业劳动要素收入占比贡献最大，但是却在样本区间内呈逐年下降趋势，且趋势较为明显，从1998年的贡献21.455个百分点下降到2007年的16.399个百分点，共计下降5.056个百分点，平均每年下降2.7个百分点。这表明企业内部的收入分配普遍重视能够带来更高资本回报率的资本方，给予资本方的收入权越来越高，而对劳动者的收入权却日益忽视，最终造成收入权在企业劳动要素收入占比的变动中作用日益下降。③收入权对于企业内部资本要素收入占比的贡献最大，但是与对劳动要素收入占比的影响过程相反，收入权对资本要素收入占比的贡献呈逐年增长趋势。保障权对企业资本要素收入占比的贡献呈先下降后上升的"U"形曲线，这进一步表明企业最初并不重视企业内部员工的保障权，随着企业内部治理机制和管理，以及政府在社保方面改革的影响，企业越来越重视提高员工的保障权，劳资关系日益和谐，这也进一步促进了保障权对资本要素收入占比的影响。

第三，全要素生产率和企业规模是收入权影响企业内部劳动和资本要素收入占比变动的主要因素。企业的技术进步主要是资本偏向型而非劳动偏向型，不重视企业人力资本积累，资本相对劳动在企业利益分割中占据主导地位，从而导致企业内部倾向于提高资本要素收益，而忽视劳动要素收入分配。全要素生产率代表的技术进步对要素分配呈现逐年递减趋势，而企业规模对要素收入分配的影响越来越大,并成为影响资本要素收入份额不断提高的主要因素。民营企业近些年的快速发展和国有企业利润上缴方式成为企业规模影响要素收入分配背后的重要原因。

6.5 本章小结

本章基于1997~2007年中国工业企业数据库,在权利配置影响要素收入分配实证分析的基础上,通过方差分解进一步对回归模型进行方差分解,重点回答了"权利配置在多大程度上影响企业要素收入分配"这一基本问题。研究结果发现:本书研究结论如下:①总体上,权利配置平均程度上能够分别解释企业内部劳动要素、资本要素和政府部门收入占比为24.85%、17.55%和11.18%。②权利配置对劳动和资本要素收入分配占比解释程度在时间上的动态变化表明,权利配置各维度对要素收入分配总体影响贡献大小依次为收入权、保障权和参与权。其中,收入权对劳动要素收入占比的影响呈逐年下降趋势,而对资本要素收入占比的影响则相反。③全要素生产率和企业规模是收入权影响企业内部劳动和资本要素收入占比变动的主要因素。

第7章 基于 Translog 生产函数的中国企业要素收入分配实证比较

在本书的研究中,前文从权利配置视角通过建立影响企业要素收入分配的测度模型实际衡量了权利配置对企业内部收入分配的影响,结果表明,劳资双方所拥有的权利配置差异对最终劳动者获得的劳动收入具有非常重要的影响。平均而言,企业内部资本方凭借其较为强势的权利配置将以 22.12% 的幅度降低劳动者获得的劳动收入,而劳动者只能以 14.19% 的幅度提高劳动收入,两种相反效应最终作用的结果是使劳动者获得的劳动收入低于"公平"劳动收入幅度达到 7.93%。然而,尽管以上内容验证了企业内部员工由于拥有的权利配置低于资本方而导致了自身劳动收入被降低,虽然强调了权利配置在企业内部收入分配中的重要性,但囿于个体特征数据的缺失限制,本书只能利用一年的数据来验证和分析权利配置影响劳动者获得的劳动收入偏离的事实,影响了劳动者劳动收入的偏离势必会对劳资双方企业内部的收入分配占比产生影响,这就需要更长的数据来进行稳健性检验,因为本书并不能仅因为利用 2004 年的工业企业数据库数据验证了结论就说明更长时期内权利配置对企业内部的要素收入分配产生影响,需另辟蹊径,以新的思路来验证这一问题。

鉴于此,本章利用 Translog 生产函数建立一个关于中国企业增长和收入分配的模型,通过对相应参数的估计和测算,对中国企业要素收入分配占比进行重新模拟,并与中国企业要素收入分配占比的历史演进进行比较分析,利用中国工业企业数据库以保持样本的一致性,并将区间扩展到 1998~2007 年共计 10 年。通过对结果的实证模拟进行比较分析,对权利配置影响企业内部劳资关系进行稳健性检验,进而弥补第 5 章静态分析条件下得到结论的不足。

具体而言,本章包括四个主要内容:一是一个关于企业增长和收入分配的模型设定,分为 Translog 生产函数的一般形式、考虑政府部门的中国企业要素收入分配的 Translog 生产函数、企业要素收入分配占比和要素投入的替代弹性等重要经济指标计算及其经济含义三个部分。二是基于 Translog 生产函数的企业要素收

第7章 基于 Translog 生产函数的中国企业要素收入分配实证比较

入分配模型计量检验,由数据来源与计量模型构建、变量的选取与基本统计性描述、统计指标说明和参数估计四个部分组成。三是中国企业要素收入分配的实证模拟比较,利用 Translog 生产函数估计相应要素收入分配模型的参数,对样本区间内的企业要素收入分配占比进行重新模拟,并与真实的企业要素收入分配占比进行比较分析,并对中国企业要素投入替代弹性测算结果进行分析。四是权利配置对实证模拟比较结果的解释,结合实证模拟比较的结果,从权利配置视角探究企业内部要素收入格局变动的真正原因。

7.1 一个关于企业增长和收入分配的模型构建

在实际研究中,通常建立相应的生产函数来研究要素之间的投入和分配问题,其中柯布—道格拉斯(Cobb – Douglas)生产函数和常替代弹性(Constant – Elasticity – of – Substitution,CES)生产函数在这一领域的应用更为广泛。然而在研究收入分配问题上,这两种函数普遍存在忽视投入要素的关联性、无法真实反映要素占比的局限(郑照宁和刘德顺,2004)。

研究生产—分配问题,就必须寻找一个能够应用于历史(统计)数据的恰当模型,Cobb – Douglas 生产函数(简称 C – D 生产函数)在这一点上具有普遍的适应性,也是在研究中最常采用的形式。C – D 生产函数是由美国数学家 C. W. Cobb 和美国经济学家 Paul H. Douglas 构建的用于分析要素投入—产出关系的生产函数,其在一般生产函数的基础上引入技术因素,由于可以将历史数据轻而易举地应用到该模型,使这一模型对于预测和分析生产问题具有天然的优势,因而成为计量经济学研究和数理统计研究中应用最为广泛的生产函数。C – D 生产函数可以表示为如下具体形式:

$$Y = AL^{\alpha}K^{\beta} \tag{7.1}$$

式(7.1)中,Y 代表总产出;A 代表技术进步,即全要素生产率;L 代表劳动要素投入量,即劳动力数;K 代表资本要素投入量;α 代表劳动投入的产出弹性,β 代表资本投入的产出弹性。

由 C – D 生产函数中的要素替代弹性恒为 1,常常被看成希克斯中性技术进步,即不改变资本和劳动要素的边际产量之比的技术进步,仅依靠增加或者减少投入来改变产量。要素投入替代弹性可以表示为:

$$\rho = \frac{d(K/L)}{(K/L)} \Big/ \frac{d(MP_L/MP_K)}{(MP_L/MP_K)} \tag{7.2}$$

对于式（7.2），如果 K/L 不随时间变化，则为希克斯中性技术进步。要素投入替代弹性的取值区间为 $\rho \in [0, \infty]$，当要素投入替代弹性取 0 时，则表示要素之间可以进行相互替代；如果取值为 ∞，则表示要素之间无法进行相互替代。进一步地，由于 C-D 生产函数中希克斯中性技术进步的存在，使任何技术通过对要素投入都无法影响总产出，即在完全竞争均衡中，产出弹性 α、β 分别等于劳动要素和资本要素在国民收入中的占比，且劳动要素和资本要素在国民收入中的占比为常数。由于要素收入占比的不变性，在应用 C-D 生产函数研究收入分配问题时便只需要利用一年的数据来测算要素收入占比，而无须利用多年的数据。因此，由于 C-D 生产函数并不满足收入不平等的条件，即要素收入占比的变动性，利用 C-D 生产函数来研究收入分配问题是无效的。

针对 C-D 生产函数中要素投入替代弹性恒等于 1 的明显不足，尤其是其对于研究要素收入分配问题的局限性，随后开始有更多学者放松对这一条件的限制，提出更为一般性的函数，最有代表性的是阿罗等于 1961 年提出的固定替代弹性（Constant Subsitute Clasticity，CES）生产函数。CES 生产函数可以表示为：

$$Y = A(\alpha K^{-\rho} + \beta L^{-\rho})^{-1/\rho} \tag{7.3}$$

式（7.3）中，Y 代表总产出；A 代表技术进步，即全要素生产率；L 代表劳动要素投入量，即劳动力数；K 代表资本要素投入量；α 和 β 分别代表劳动投入的产出弹性、资本投入的产出弹性；ρ 要素投入替代弹性。

在 CES 生产函数中，要素投入的产出弹性可以随着各要素投入量的改变而改变，要素投入的替代弹性为固定值 ρ。虽然 CES 生产函数放宽了 C-D 生产函数希克斯中性技术进步的假定，但是正如 Robert C. Allen（2009）指出的那样，"CES 生产函数尚不够一般化，其要求所有要素投入的替代弹性相等（虽然并不一定等于 1）还存在一定的局限性，尤其是对研究要素收入分配领域"。

在实际经济系统中，以上两种函数模型对于研究要素收入分配问题具有三点不足：①一种要素的投入不仅影响产出，而且也对其他投入的要素产生影响。②C-D 生产函数和 CES 生产函数采用中性技术进步，不能够完全反映投入要素与技术进步之间的关系，也无法清晰反映投入要素之间的关联程度。③C-D 生产函数和 CES 生产函数通常应用于要素投入和产出之间的问题，而并不适合研究要素投入和收入分配之间的关系。因此，这就需要构建一个函数形式设定既简单，易于估算，又能够采用有偏技术进步的生产函数。我们应用 Translog 生产函

第7章 基于 Translog 生产函数的中国企业要素收入分配实证比较

数来克服以上问题,通过求解模型相应的参数来对中国企业要素收入分配进行重新模拟。

7.1.1 Translog 生产函数模型的一般形式

L. Christiansen 等(1973)提出了 Translog 生产函数模型,这一函数模型能够很好地弥补 C-D 生产函数和 CES 生产函数在研究要素投入与收入分配相关问题上的不足,具有包容性和易估计性的双重特征。Translog 生产函数建立在对新古典理论的严格运用之上,能够通过将各要素的投入分解到相应的组成成分上,有效克服了要素之间由于投入变化而引起的加总偏差。

L. Christiansen 等(1971)提出的 Translog 生产函数的基本计量模型如下:

$$\ln Y = \alpha_0 + \alpha_K \ln K + \alpha_L \ln L + \alpha_T \ln T + \frac{1}{2}\beta_{KK}\ln^2 K + \beta_{KL}\ln K \ln L +$$
$$\beta_{KT}(\ln K)T + \frac{1}{2}\beta_{LL}\ln^2 L + \beta_{LT}(\ln L)T + \frac{1}{2}\beta_{TT}T^2 \quad (7.4)$$

式(7.4)中,Y 代表总产出,L 代表劳动要素投入,K 代表资本要素投入,T 代表原料和供应品(Materials and Supplies);α_0、α_K、α_L、α_T、β_{KK}、β_{KL}、β_{KT}、β_{LL}、β_{LT}、β_{TT} 为待估计参数。在规模报酬不变的假设条件下,存在以下表达式:

$$\alpha_K + \alpha_L = 1$$
$$\beta_{KK} + \beta_{KL} = 0$$
$$\beta_{KL} + \beta_{LL} = 0$$
$$\beta_{KK} + \beta_{LL} = 0$$
$$\beta_{KT} + \beta_{LT} = 0 \quad (7.5)$$

当所有的 $\beta_{ij} = 0$ 时,Translog 生产函数便转化为 C-D 生产函数,Translog 生产函数可以看成 C-D 生产函数的自然推广。通过利用历史数据,应用相应的计量经济学方法就可以对上述参数进行无偏估计,再通过对要素收入占比、要素投入替代弹性等重要经济指标的求解,可以进一步研究要素收入分配问题,本书将在下文予以介绍。Translog 生产函数模型属于变弹性生产函数模型,包容性和易估计性是 Translog 生产函数的两个典型特点,可以成为任何形式的生产函数的二阶泰勒近似。① 由于 $\ln^2 K$、$\ln^2 L$ 等二次项引入模型,可以提高参数估计的精确度(韩妍,2009)。Translog 生产函数模型在结构上属于平方反映面(Quadratic Re-

---
① 李子奈. 计量经济学[M]. 北京:高等教育出版社,2000:197.

sponse Surface）模型，对于投入的各要素之间的交互影响、技术进步随时间变化差异等。目前，Translog 生产函数广泛应用于经济增长研究、国家经济发展预测、国际竞争力比较等方面，也用于企业层次、部门层次有关经济增长问题的研究，但是应用于收入分配领域的研究还比较少。

7.1.2 考虑政府部门的中国企业要素收入分配 Translog 生产函数模型

根据第 3 章内容，本书为避免企业内部间接税的归属问题，将生产税净额归入政府部门收入，这样企业内部要素收入分配就被划分为劳动要素收入、资本要素收入和政府部门三个层次。为保持前后一致性，就需要将政府部门纳入 Translog 生产函数模型，从而可以使计算的结果前后具有可比性。

在 Translog 生产函数模型一般形式的基础上，根据 Robert C. Allen（2009）的研究，先对一般形式的 C - D 生产函数模型进行改进，建立多种要素投入的 C - D 生产函数，具体形式如下：

$$Y = f(AL, K, T)$$
$$= A_0 (AL)^\alpha K^\beta T^\gamma \tag{7.6}$$

在规模报酬不变假设下，$\alpha + \beta + \gamma = 1$；$Y$ 代表企业的工业增加值；A_0 代表尺度参数（Scaling Parameter）；A 代表希克斯中性技术进步，或者全要素生产率（Total Factory Productivity Index）；①L 代表劳动要素投入；K 代表资本要素投入；T 代表原料和供应品（Materials and Supplies），即另一种重要的要素投入。② 本书根据第 3 章将其作为政府部门（要素）投入。换言之，能够产生生产税净额的要素投入。由于在 C - D 生产函数中，要素收入占比为常数，因而需进一步将式（7.6）转换为 Translog 生产函数模型，这样本书构造的考虑政府部门的中国企业要素收入分配 Translog 生产函数模型③的具体形式如下：

---

① Robert C. Allen（2009）指出，A 是劳动增加技术进步的指标，即这种类型的技术进步对持续提高个人平均收入和纯工资有必要，又矛盾地代表了马克思关于劳动替代技术进步的观点。

② Robert C. Allen（2009）将 T 代表为土地（Land Area）。虽然土地并非标准的生产要素，但由于在英国工业化革命时期土地发挥了非常重要的作用，因而作者将土地作为资本、劳动外的另一种重要的生产要素。

③ 本书选择有可变替代弹性的 Translog 生产函数来作为反映生产和分配行为的函数，克服 Cobb - Douglas 生产函数或 CES 生产函数的不足，详细请参见 Christensen，Jorgenson 和 Lau 的论文 "Conjugate Duality and the Transcendental Logarithmic Production Function"（Econometrica，1971，Vol. 39，Jul. ，pp. 255 - 256）和 "Transcendental Logarithmic Production Frontier"（Review of Economics and Statistics，1973，Vol. 55，Feb. ，pp. 28 - 45）。

$$\ln Y = \alpha_0 + \alpha_K \ln K + \alpha_L \ln(AL) + \alpha_T \ln T + \frac{1}{2}\beta_{KK}\ln^2 K + \beta_{KL}\ln K \ln(AL) +$$
$$\beta_{KT}\ln K \ln T + \frac{1}{2}\beta_{LL}\ln^2(AL) + \beta_{LT}\ln(AL)\ln T + \frac{1}{2}\beta_{TT}\ln^2 T \qquad (7.7)$$

式（7.7）中，α_0、α_K、α_L、α_T、β_{KK}、β_{KL}、β_{KT}、β_{LL}、β_{LT}、β_{TT} 为待估计参数，其他参数含义同式（7.6）。式（7.7）存在以下限定条件：

$$\alpha_K + \alpha_L + \alpha_T = 1$$
$$\beta_{KK} + \beta_{KL} + \beta_{KT} = 0$$
$$\beta_{KL} + \beta_{LL} + \beta_{LT} = 0$$
$$\beta_{KT} + \beta_{LT} + \beta_{TT} = 0 \qquad (7.8)$$

当式（7.8）中所有 $\beta_{ij} = 0$ 时，式（7.7）便转化为 C–D 生产函数式（7.6），因而 Translog 生产函数模型可以看作 C–D 生产函数模型更为一般的扩展形式。

7.1.3 重要经济指标的计算及其经济含义

构造中国企业要素收入分配的 Translog 生产函数模型的目的是利用长面板数据对中国企业内部要素收入分配情况进行重新模拟测算，并与真实计算的要素收入分配格局进行比较，弥补第 5 章只能利用单年度数据进行静态分析的不足。因此，通过对中国企业要素收入分配的 Translog 生产函数模型参数进行估计，就要求解两类重要的经济指标：一是各类投入要素的收入占比，即劳动要素收入占比、资本要素收入占比和政府部门收入占比。二是资本—劳动的替代弹性。

本书对各类要素的收入占比公式进行测算。根据 Robert C. Allen（2009），Translog 生产函数模型可以推出企业内部资本要素收入占比 S_K、劳动要素收入占比 S_L 和政府部门收入占比 S_T 组成的基础求解行列式为：

$$\begin{vmatrix} S_K \\ S_L \\ S_T - 1 \end{vmatrix} = \begin{vmatrix} 1 & 0 & \ln K & \ln L & \ln T & 0 \\ 0 & 1 & 0 & \ln K - \ln T & \ln(AL) - \ln T & -\ln(AL) - \ln T \\ -1 & -1 & 0 & 0 & \ln K - \ln(AL) & \ln T - \ln(AL) \end{vmatrix} \begin{vmatrix} \alpha_K \\ \alpha_L \\ \alpha_T \\ \beta_{KK} \\ \beta_{KL} \\ \beta_{KT} \\ \beta_{TT} \end{vmatrix}$$

$$(7.9)$$

于是，通过对行列式（7.9）展开，可以求得企业内部资本要素收入占比 S_K、劳动要素收入占比 S_L 和政府部门收入占比 S_T 具体求解计算公式，可以表示为：

$$S_K = \alpha_K + \beta_{KK}\ln K + \beta_{KL}\ln(AL) + \beta_{KT}\ln T \quad (7.10)$$

$$S_L = \alpha_L + \beta_{LK}\ln K + \beta_{LL}\ln(AL) + \beta_{LT}\ln T \quad (7.11)$$

$$S_T = \alpha_T + \beta_{TK}\ln K + \beta_{TL}\ln(AL) + \beta_{TT}\ln T \quad (7.12)$$

通过式（7.10）至式（7.11）求出企业内部的各类要素收入占比，就可以与真实的要素收入占比进行比较，而具体计算还有待于运用计量方法来对相应的参数进行估计。

然后，本书要对投入要素的替代弹性测算公式进行推导。投入要素的替代弹性等于投入要素变动比例的百分比与边际技术替代率变动百分比之比，含义是边际技术替代率的相对变动所引起的生产要素投入的比例的相对变动。投入要素替代弹性的变化区间在 0 与无穷之间，当投入要素替代弹性为无穷时，说明要素与要素之间能够相互替代，而当投入要素替代弹性为 0 时，则说明两种投入要素之间不能够相互替代。因而，投入要素替代弹性反映了投入要素之间相互替代的关系。

在企业要素收入分配层次中，本书主要研究资本要素与劳动要素之间的权利配置关系，而资本要素与劳动要素之间的替代弹性是两者权利配置关系的具体体现，需对资本要素与劳动要素的替代弹性进行求解。由于资本要素对劳动要素的替代弹性和劳动要素对资本要素的替代弹性具有等价关系，因此本书只需要对资本要素对劳动要素的替代弹性进行求解，其具体形式定义为：

$$\sigma_{KL} = \frac{\mathrm{d}(K/L)}{(K/L)} \bigg/ \frac{\mathrm{d}(MP_L/MP_K)}{(MP_L/MP_K)}$$

$$= \frac{\mathrm{d}(K/L) \times (MP_L/MP_K)}{(K/L) \times \mathrm{d}(MP_L/MP_K)} \quad (7.13)$$

式（7.13）中，σ_{KL} 代表资本—劳动的替代弹性，MP_L、MP_K 分别代表劳动要素的边际产量、资本要素的边际产量。由于：

$$\frac{MP_L}{MP_K} = \frac{\partial Y}{\partial L} \bigg/ \frac{\partial Y}{\partial K} = \frac{\eta_L}{\eta_K} \times \frac{K}{L} \quad (7.14)$$

式（7.14）中，η_L、η_K 分别代表劳动要素投入的产出弹性、资本要素投入的产出弹性。结合式（7.13）、式（7.14）可以推出：

$$\sigma_{KL} = \frac{\mathrm{d}(K/L)}{\mathrm{d}(MP_L/MP_K)} \times \frac{\eta_L}{\eta_K}$$

第7章 基于Translog生产函数的中国企业要素收入分配实证比较

$$= \frac{\eta_L}{\eta_K} \times \left[\frac{\mathrm{d}(MP_L/MP_K)}{\mathrm{d}(K/L)}\right]^{-1}$$

$$= \frac{\eta_L}{\eta_K} \times \left[\frac{\mathrm{d}\left(\frac{K}{L} \times \frac{\eta_L}{\eta_K}\right)}{\mathrm{d}(K/L)}\right]^{-1} \tag{7.15}$$

根据式（7.15），进一步可以推出：

$$\frac{\mathrm{d}\left(\frac{K}{L} \times \frac{\eta_L}{\eta_K}\right)}{\mathrm{d}(K/L)} = \frac{\eta_L}{\eta_K} + \frac{K}{L} \times \frac{\mathrm{d}(\eta_L/\eta_K)}{\mathrm{d}(K/L)} \tag{7.16}$$

$$\mathrm{d}\left(\frac{\eta_L}{\eta_K}\right) = -\frac{\eta_L}{\eta_K^2}\mathrm{d}(\eta_K) + \frac{1}{\eta_K}\mathrm{d}(\eta_L) \tag{7.17}$$

$$\mathrm{d}\left(\frac{K}{L}\right) = -\frac{K}{L^2}\mathrm{d}L + \frac{1}{L}\mathrm{d}K \tag{7.18}$$

将式（7.17）、式（7.18）代入式（7.16），可以得到：

$$\frac{\mathrm{d}\left(\frac{\eta_L}{\eta_K}\right)}{\mathrm{d}\left(\frac{K}{L}\right)} = \frac{-\frac{\eta_L}{\eta_K^2}\mathrm{d}(\eta_K) + \frac{1}{\eta_K}\mathrm{d}(\eta_L)}{-\frac{K}{L^2}\mathrm{d}L + \frac{1}{L}\mathrm{d}K}$$

$$= \frac{-\frac{\eta_L}{\eta_K^2}\frac{\mathrm{d}(\eta_K)}{\mathrm{d}L} + \frac{1}{\eta_K}\frac{\mathrm{d}(\eta_L)}{\mathrm{d}L}}{-\frac{K}{L^2} + \frac{1}{L}\frac{\mathrm{d}K}{\mathrm{d}L}} \tag{7.19}$$

将式（7.16）、式（7.19）代入式（7.15），进一步得到计算资本—劳动的替代弹性 σ_{KL} 为：

$$\sigma_{KL} = \left(\frac{\eta_K}{\eta_L}\right)^{-1}\left[\frac{\eta_L}{\eta_K} + \frac{K}{L} \times \frac{\mathrm{d}(\eta_L/\eta_K)}{\mathrm{d}(K/L)}\right]^{-1}$$

$$= \left[1 + \frac{\eta_K \times K}{\eta_L \times L} \times \frac{-\frac{\eta_L}{\eta_K^2}\frac{\mathrm{d}(\eta_K)}{\mathrm{d}L} + \frac{1}{\eta_K}\frac{\mathrm{d}(\eta_L)}{\mathrm{d}L}}{-\frac{K}{L^2} + \frac{1}{L}\frac{\mathrm{d}K}{\mathrm{d}L}}\right]^{-1} \tag{7.20}$$

根据式（7.20），需要对劳动要素投入的产出弹性 η_L、资本要素投入的产出弹性 η_K 进行求解。根据式（7.7），劳动要素投入的产出弹性可以表达为：

$$\eta_L = \frac{\mathrm{d}Y/Y}{\mathrm{d}L/L} = \frac{\mathrm{dln}Y}{\mathrm{dln}L} = \alpha_L + \beta_{KL}\ln K + \beta_{LL}\ln(AL) + \beta_{LT}\ln T \tag{7.21}$$

资本要素投入的产出弹性可以表达为：

$$\eta_K = \frac{dY/Y}{dK/K} = \frac{d\ln Y}{d\ln K} = \alpha_K + \beta_{KK}\ln K + \beta_{KL}\ln(AL) + \beta_{KT}\ln T \qquad (7.22)$$

根据导数和微积分相关知识，劳动要素投入每变动1个单位时，劳动要素投入的产出弹性 η_L 的变动单位等于 η_L 关于 L 的导数 $d\eta_L/dL$。根据式（7.21），可以求出 $d\eta_L/dL$ 的表达式为：

$$\frac{d\eta_L}{dL} = \frac{\beta_{LL}}{L} \qquad (7.23)$$

同理，劳动要素投入每变动1个单位时，资本要素投入的产出弹性 η_K 变动单位等于 η_K 关于 L 的导数 $d\eta_K/dL$。依据式（7.22），可以求出 $d\eta_K/dL$ 的表达式为：

$$\frac{d\eta_K}{dL} = \frac{\beta_{KL}}{L} \qquad (7.24)$$

将式（7.23）、式（7.24）代入式（7.20），可以推出资本—劳动的替代弹性 σ_{KL} 的表达式为：

$$\sigma_{KL} = \left(\frac{\eta_K}{\eta_L}\right)^{-1}\left[1 + \frac{\eta_K}{\eta_L} \times \frac{K}{L} \times \frac{-\frac{\eta_L}{\eta_K^2} \times \frac{\beta_{KL}}{L} + \frac{1}{\eta_K} \times \frac{\beta_{LL}}{L}}{-\frac{K}{L^2} + \frac{1}{L} \times \frac{dK}{dL}}\right]^{-1}$$

$$= \left[1 + \frac{-\frac{\eta_L}{\eta_K} \times \frac{KdL}{LdK} \times \beta_{KL} + \frac{KdL}{LdK} \times \beta_{LL}}{-\frac{KdL}{LdK} \times \eta_L + \eta_L}\right]^{-1} \qquad (7.25)$$

又因为，式（7.21）除以式（7.22）可以推出：

$$\frac{\eta_K}{\eta_L} = \frac{KdL}{LdK} \qquad (7.26)$$

将式（7.26）代入式（7.25），进一步地得到资本—劳动的替代弹性的表达式为：

$$\sigma_{KL} = \left[1 + \frac{-\frac{\eta_L}{\eta_K} \times \frac{\eta_K}{\eta_L} \times \beta_{KL} + \frac{\eta_K}{\eta_L} \times \beta_{LL}}{-\frac{\eta_K}{\eta_L} \times \eta_L + \eta_L}\right]^{-1}$$

$$= \left[1 + \frac{-\beta_{KL} + \frac{\eta_K}{\eta_L} \times \beta_{LL}}{-\eta_K + \eta_L}\right]^{-1} \qquad (7.27)$$

综上所述，本书结合式（7.21）、式（7.22）以及式（7.27），通过对中国企业要素收入分配 Translog 生产函数的参数进行估计，最终计算企业内部的资本对劳动的替代弹性。

7.2 基于 Translog 生产函数的企业要素收入分配计量检验

本书利用中国工业企业数据库1998～2007年共计10年的样本，基于 Translog 生产函数的企业要素收入分配计量模型，对计量模型中的相应参数进行测算，为中国企业要素收入分配的实证模拟比较做铺垫。

7.2.1 数据来源与计量模型设定

本书数据来源于1998～2007年中国规模以上工业企业微观调查数据库，这个调查数据是国家统计局对全部国有和规模以上（主营收入≥500万元）非国有工业法人企业的工业统计报表数据库。每个企业样本包含100多个变量，1998～2007年进入样本库的观测值共计2224381个，统计行业对应于国民经济行业分类与代码（GB/T 4754—2002）中的代码13～43共30个行业所有制造业企业，该数据库是目前可获得的企业层面最大的微观数据库，非常具有代表性。

由于本书使用样本年度跨度时期较长，需要对工业企业数据库进行详细的合并整理工作。中国工业企业数据库具体存在样本匹配混乱、指标缺失、指标大小异常等缺陷问题，对工业企业数据库的整合和处理是一项非常复杂的工作，很多研究也做了类似工作（Brandt 等，2012；Yang 等，2013）。简而概之，本书主要基于以下原则对样本进行了处理：

（1）构建面板。以法人代码为基准进行企业匹配，识别的原则是出现同一代码、不同名称或同一名称、不同代码的企业往往其他信息也不同，即为不同企业。包括对连续两年、三年、十年的数据进行匹配，由于工作量比较大，具体处理方法请参见本书第3章数据处理部分。

（2）对行业代码进行调整。根据《国民经济行业分类》（GB/T 4754—2002）标准，对2003年以前按照 GB/T 4754—1994 的企业按照小行业进行调整，使全样本行业口径保持一致。具体调整方法是将1994GB 四位数行业分类对应到

2002GB 三位数行业分类，实现所有年份行业在 2002GB 三位数分类层面统一。

（3）删除关键变量观察值缺失的样本。

（4）删除错误记录和不满足逻辑关系的错误记录。例如，固定资产小于 0、本年应付工资总额小于 0、固定资产总值小于固定资产净值等。

（5）为剔除兼并重组或业绩较差样本的影响，本书进一步剔除资产负债率大于 1 或小于 0，以及营业利润率大于 1 或小于 -1 的样本。

（6）本书还对关键指标在 1% 和 99% 分位进行 Winsor 处理以控制极端值。基于以上原则，本书最终得到了 1526699 个观测值。①

为估计 Translog 生产函数的企业要素收入分配模型的参数，本书在 7.1 节构造的考虑政府部门的中国企业要素收入分配 Translog 生产函数模型的基础上，设定相应的计量实证基本模型，具体形式设定如下：

$$\ln Y_{it} = \alpha_0 + \alpha_K \ln K_{it} + \alpha_L \ln(A_{it}L_{it}) + \alpha_T \ln T_{it} + \frac{1}{2}\beta_{KK}\ln^2 K_{it} + \beta_{KL}\ln K_{it}\ln(A_{it}L_{it}) +$$

$$\beta_{KT}\ln K_{it}\ln T_{it} + \frac{1}{2}\beta_{LL}\ln^2(A_{it}L_{it}) + \beta_{LT}\ln(A_{it}L_{it})\ln T_{it} + \frac{1}{2}\beta_{TT}\ln^2 T_{it} \quad (7.28)$$

式（7.28）中，ln 代表自然对数符号，Y 代表企业工业增加值，A 代表全要素生产率，L 代表劳动力数量，K 代表资本存量，T 代表实收资本，具体变量定义将在 7.3 节进行阐述；α_0、α_K、α_L、α_T、β_{KK}、β_{KL}、β_{KT}、β_{LL}、β_{LT}、β_{TT} 为待估计参数；i 代表第 i 个企业，t 代表第 t 年。

同时，需满足四个约束假设条件，分别为 $\alpha_K + \alpha_L + \alpha_T = 1$、$\beta_{KK} + \beta_{KL} + \beta_{KT} = 0$、$\beta_{KL} + \beta_{LL} + \beta_{LT} = 0$ 和 $\beta_{KT} + \beta_{LT} + \beta_{TT} = 0$。

7.2.2 变量选取与基本统计性描述

根据计量模型（7.28），本书需要对 Y、A、L、K、T 五个主要变量进行定义。Y 为解释变量，代表企业的工业增加值，具体测算公式为：

$$Y = 劳动者收入 + 固定资产折旧 + 企业盈余和生产税净额$$
$$= 劳动要素收入 + 资本要素收入 + 政府部门收入 \quad (7.29)$$

式（7.29）中，劳动要素收入、资本要素收入和政府部门收入的定义请详细参照第 3 章内容。

L 代表劳动要素投入，用提供的劳动力数量表示，本书参考张杰等（2009）、

---

① 本章使用的数据范围和基本数据处理与第 3 章相一致，都是利用 1998～2007 年连续 10 年的中国工业企业数据库构成的面板数据，具体分析过程，请参考第 3 章内容，本书在此不再赘述。

第7章 基于 Translog 生产函数的中国企业要素收入分配实证比较

鲁晓东和连玉君（2012）的定义方法，采用企业的"从业人员规模"定义。

K 代表资本要素投入，即企业层面的固定资本存量。由于中国工业企业数据库中对固定资产原值、固定资产清理、固定资产净值、本年折旧、累计折旧等指标采用的会计记账原则，记录的都是对应指标的账面价值（Booked Value），而生产函数中对应的资本要素投入则为资本的实际价值，因此需要对固定资产的名义价值进行销账处理。另外，中国工业企业数据库中并没有"固定资产投资"这一指标，须基于永续盘存法计算固定资本存量的实际值和真实的投资。本书参考 Yang 等（2013）的方法，主要分为以下三步对固定资本存量的实际值进行测算：

步骤一：计算本年固定资产名义投资额。历年固定资产名义投资额 = 本年固定资产原值 - 上一年固定资产原值。通过假设"企业的固定资产原值增长率 = 本企业所在行业固定资产原值的平均增长率"，1998~2007 年行业固定资产原值的平均增长率数据可以根据统计局提供的数据进行测算。通过固定资产原值可以计算各年固定资产原值购买额，其公式为：$V_t = V_s \prod_{i=s}^{t}(1 + r_i)$，其中，$V_t$ 为样本年份为 t 时进入样本的固定资产原值，V_s 为开年年份为 s 时期的固定资产购买，r_i 为企业固定资产原值增长率。

步骤二：计算样本年份的实际物质资本存量。首先，依据投资平减指数计算固定资产实际投资额。① 其次，依据宏观资本存量的计算方法——永续盘存法计算来对样本年份的资本存量进行计算，其公式为：$K_{t+1} = (1-\delta)K_t + I_t$，其中，资本折旧率 = {（累计折旧/固定资产原值）÷（样本进入年份 - 样本开业年份）}。②

步骤三：计算历年实际投资额和实际物质资本存量。基于步骤一、步骤二计算的结果，计算理念的实际净投资额和实际物质资本存量。

A 代表全要素生产率（Total Factor Productivity, TFP）。自 1957 年索罗（Slow）提出经济增长模型以来，TFP 在学术界就引起了广泛的关注。对 TFP 的估计从估算生产函数开始，也存在多种估计方法，大体可以划分为前沿分析方法、非前沿分析方法。具体如表 7.1 所示。

---

① 现有很多文献对投资平减指数进行了计算，鲁晓东和连玉君（2012）采取的方法是来源"中经网统计数据库"，而 Yang 等（2013）则是采取了将 Brandt 等（2012）和统计数据相结合的方法。通过对比，本书主要依据 Yang 等（2013）对投资平减指数进行了测算。

② 本书对上下 1% 范围内异常的折旧率采用折旧率的均值进行替代。

表 7.1　关于 TFP 估计方法分类

	确定性方法	计量方法	
		参数法	半参数法
前沿分析	数据包络分析（DEA）	随机前沿分析方法	—
	FDH 方法	（宏观—微观）	—
非前沿分析	增长核算法	增长率回归法	代理变量法
	（宏观）	（宏观）	（微观）

资料来源：鲁晓东、连玉君（2012），图 1。

表 7.1 关于 TFP 估计方法分类的重要标准就是分为宏观方法和微观方法，前者关注的是一个行业地区/地区/国家的 TFP 计算，而后者只针对企业层面进行估算。本书主要针对的是微观企业层面，即在给定企业工业增加值、劳动要素、资本要素的前提下，运用微观方法估算企业的 TFP。计算企业层面 TFP 的争论在于估计劳动和资本的产出弹性时，如何克服内生性问题，尤其是选择性偏误（Selection Bias）和联立性（Simultaneity）问题。OLS 估计无法克服联立性和选择性偏误问题，而工具变量法虽然能在一定程度上解决内生性问题，但是由于很难获

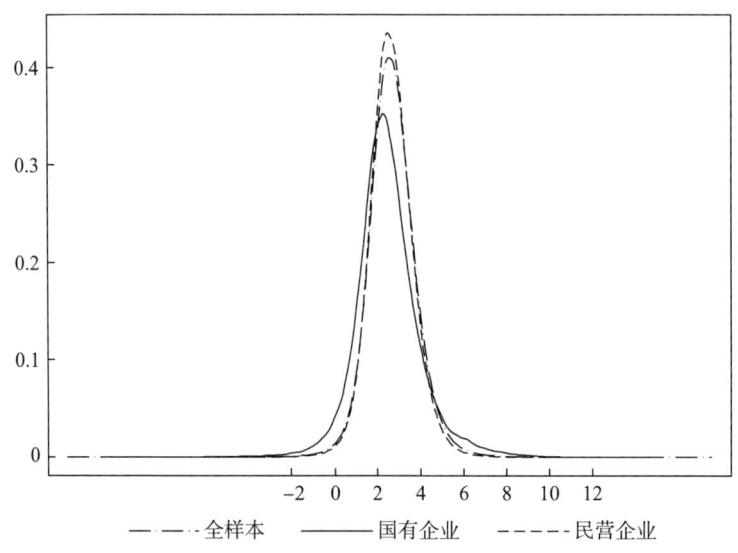

图 7.1　企业全要素生产率的核密度

资料来源：作者自己测算。

得适合企业层面的工具变量。对 TFP 的计算,本书主要应用 Olley 和 Pakes (1996) 提供的一致半参数估计方法 (Consistent Semi-parametric Estimator),简称 OP 法。OP 法将企业当期投资作为不可观测生产率的代理变量,有效克服 OLS 方法无法解决的内生性问题和选择性偏差问题。本书使用一致半参数 OP 法对二分位的行业的 TFP 值进行分别核算,具体计算方法可参见 Yang 等 (2013)。表 7.1 反映了全样本不同所有权性质企业的 TFP 分布状况。

T 代表政府部门投入,即产生企业生产税净额的源泉。根据会计学相关知识,在企业的相关经济学指标中,政府部门进行税收主要根据企业实收资本、所有权性质、企业类型、利润等指标来进行衡量和测算,由于在 Translog 生产函数中,政府部门投入指标应当直接反映一种要素的投入,且能够直接衡量,因此本书选取企业的实收资本作为政府部门投入指标。

本书的选取的变量设置如表 7.2 所示。

表 7.2 主要变量定义

变量	变量名称	变量定义
第一部分:因变量		
企业工业增加值	Y	请参见第三章
第二部分:自变量		
劳动力数量	L	从业人员规模
固定资本存量	K	详细请见 Yang 等 (2013)、鲁晓东和连玉君 (2012) 定义
全要素生产率 (TFP)	A	具体参见 Yang 等 (2013)
政府部门投入	T	企业的实收资本

资料来源:作者自己整理。

对变量进行定义后,本书对主要变量进行了相应的统计性描述,主要统计的指标包括 mean (平均值)、sd (标准差)、min (最小值)、p50 (中位数)、max (最大值) 和 N (变量个数)。主要变量的描述性统计如表 7.3 所示。

表 7.3 各主要变量的统计性描述

variable	N	mean	sd	min	p50	max
Y	1526699	10038.58	21001.69	-6461	3310	176716
A	1526699	2.87	1.05	-0.53	2.87	5.48

续表

variable	N	mean	sd	min	p50	max
L	1526699	268.25	1058.07	0.00	105.00	188151.00
K	1526699	29586.85	449363.00	-15300000.00	3187.31	116000000.00
T	1526699	18588.23	151447.80	-3627.00	3000.00	49500000.00

资料来源：作者自己整理。

7.2.3 统计指标说明

本书实证分析过程中分为两类统计指标：企业内部要素收入分配占比、资本要素对劳动要素的替代弹性。

（1）企业内部要素收入分配占比。企业内部要素收入分配占比划分为三种类型，具体见式（7.30）至式（7.32）。

劳动要素收入占比的计算公式为：

$$S_L = \alpha_L + \beta_{LK}\ln K_{it} + \beta_{LL}\ln(A_{it}L_{it}) + \beta_{LT}\ln T_{it} \tag{7.30}$$

资本要素收入占比的计算公式为：

$$S_K = \alpha_K + \beta_{KK}\ln K_{it} + \beta_{KL}\ln(A_{it}L_{it}) + \beta_{KT}\ln T_{it} \tag{7.31}$$

政府部门收入占比的计算公式为：

$$S_T = \alpha_T + \beta_{TK}\ln K_{it} + \beta_{TL}\ln(A_{it}L_{it}) + \beta_{TT}\ln T_{it} \tag{7.32}$$

（2）资本要素对劳动要素的替代弹性。资本要素对劳动要素的替代弹性公式与式（7.27）相同，具体公式如下：

$$\sigma_{KL} = \left[1 + \frac{-\beta_{KL} + \frac{\eta_K}{\eta_L} \times \beta_{LL}}{-\eta_K + \eta_L}\right]^{-1} \tag{7.33}$$

7.2.4 参数估计结果及其分析

在 $\alpha_K + \alpha_L + \alpha_T = 1$、$\beta_{KK} + \beta_{KL} + \beta_{KT} = 0$、$\beta_{KL} + \beta_{LL} + \beta_{LT} = 0$ 和 $\beta_{KT} + \beta_{LT} + \beta_{TT} = 0$ 四个约束假设条件下，基于中国工业企业数据库 1998~2007 年连续 10 年的面板数据，对计量模型式（7.28）进行估计时，由于 OLS 模型不能对约束条件进行限定，因而本书此处并不能选择这一方法对该模型进行估计。为此，本书对计量模型在式（7.28）采取最大似然估计法（Maximum Likelihood Estimation，MLE）在限定的四个约束假设条件下进行估计，尤其是在大样本条件下，MLE 估计量

第7章 基于 Translog 生产函数的中国企业要素收入分配实证比较

具有一致性、渐进有效性、渐近正态性等特性,具体估计结果如表7.4所示。

表7.4 Translog 生产函数参数估计结果

变量	回归系数	标准误	Z值	P值
$\ln K$	0.0315***	0.0008	41.1000	0.0000
$\ln(AL)$	0.9193***	0.0010	909.0300	0.0000
$\ln T$	0.0493***	0.0009	52.1600	0.0000
$(\ln K)^2$	0.0620***	0.0003	197.1300	0.0000
$\ln K \times \ln(AL)$	-0.0416***	0.0003	-137.3200	0.0000
$\ln K \times \ln T$	-0.0204***	0.0003	-65.2100	0.0000
$(\ln AL)^2$	0.1074***	0.0003	332.5400	0.0000
$\ln(AL) \times \ln T$	-0.0658***	0.0004	-178.0100	0.0000
$(\ln T)^2$	0.0863***	0.0005	169.1200	0.0000
常数项	1.8374***	0.0017	1095.1500	0.0000

注:***、**、*分别表示1%、5%和10%水平下显著。
资料来源:作者根据 Stata 软件估计。

根据表7.4的 MLE 回归结果,计量模型式(7.28)的各回归系数都在1%显著水平下通过检验。从回归系数结果来看,特定参数相加结果符合相应的限定条件,例如,$\ln K_{it}$ 对应的参数 α_K、$\ln(A_{it}L_{it})$ 对应的参数 α_L 及 $\ln T_{it}$ 对应的参数 α_T 三项相加之和为1,满足相应的约束条件。除三项交叉影响项为负值,其他一次项系数、平方项系数均为正,本书得到的估计结果是合理的,符合相应的经济现实。根据表7.4可以进一步推导出中国企业要素收入分配占比和资本对劳动的替代弹性。

(1)企业内部要素收入分配占比。根据表7.4结果,将相应的估计参数结果代入式(7.30)至式(7.32),能够推导出企业内部要素收入占比公式分别为以下结果。

劳动要素收入占比的计算公式为:
$$S_L = 0.0493 - 0.0416\ln K_{it} + 0.1074\ln(A_{it}L_{it}) - 0.0658\ln T_{it} \tag{7.34}$$
资本要素收入占比的计算公式为:
$$S_K = 0.0315 + 0.0620\ln K_{it} - 0.0416\ln(A_{it}L_{it}) - 0.0204\ln T_{it} \tag{7.35}$$
政府部门收入占比的计算公式为:
$$S_T = 0.0493 - 0.0204\ln K_{it} - 0.0658\ln(A_{it}L_{it}) + 0.0863\ln T_{it} \tag{7.36}$$

(2) 资本要素对劳动要素的替代弹性。同理,将估计出的参数结果代入式(7.33),可以推出资本—劳动的替代弹性公式为:

$$\sigma_{KL} = \left[1 + \frac{0.0416 + \frac{\eta_K}{\eta_L} \times 0.1074}{-\eta_K + \eta_L} \right]^{-1} \quad (7.37)$$

7.3 企业要素收入分配的实证模拟比较

根据表 7.4 的参数估计结果,利用式(7.34)至式(7.37)对中国企业内部的要素收入分配占比和劳动—资本替代弹性进行模拟,结果如表 7.5 所示。

表 7.5 企业要素收入分配占比和劳动—资本替代弹性的模拟

年份	sim – labour	sim – profit	sim – gov	σ_{KL}
1998	0.47912	0.31794	0.20294	0.58815
1999	0.47153	0.32178	0.20668	0.56586
2000	0.46254	0.32744	0.21002	0.53457
2001	0.45392	0.33952	0.20656	0.48408
2002	0.43758	0.34573	0.21669	0.42074
2003	0.43064	0.35007	0.21929	0.38463
2004	0.42563	0.34723	0.22714	0.37762
2005	0.41027	0.35476	0.23497	0.29219
2006	0.40583	0.37679	0.21738	0.17047
2007	0.39273	0.38656	0.22071	0.04020

资料来源:作者根据 Stata 软件测算。

基于中国工业企业数据库,对设定的考虑政府部门的企业要素收入分配 Translog 生产函数模型的参数进行估计,重新对 1998~2007 年连续 10 年的中国企业内部要素收入分配占比进行测算和模拟。根据表 7.5 的模拟计算结果,模拟的劳动要素收入占比(sim – labour)从 1998 年的 47.91% 下降到 2007 年的 39.27%,10 年共计下降 8.64 个百分点,平均每年下降约 2 个百分点;模拟的资本要素收入占比（sim-profit）则从1998年的31.79%上升到2007年的38.66%，10年共计上升6.87个百分点，平均每年上升约1.98个百分点；企业内部的政府部门收入从1998年的20.29%略上升到2007年的22.07%，10年上升1.78个百分点。总体来看，政府部门收入占比波动较为平稳，在样本区间上升不到2个点，而劳动要素收入占比呈现逐年下降趋势，资本要素收入占比则呈逐年上升趋势，资本和劳动之间整体呈现"此消彼长"的态势。

从图7.2来看，模拟的要素收入分配整体趋势与真实的企业要素收入分配占比趋势基本相一致。整体上，模拟的劳动要素收入占比（sim-labour）下降相比真实值（hist-labour）更为显著，而资本要素收入占比（sim-profit）上升趋势相比真实值（hist-labour）也更加明显，这使模拟政府部门收入（sim-gov）的初始值低于真实政府部门收入（hist-gov），而2007年的模拟政府部门收入（sim-gov）却又高于真实政府部门收入（hist-gov）。从数值来看，模拟的劳动要素收入占比（sim-labour）均值为43.70%，高于真实的劳动要素收入占比（hist-labour）1.47个百分点；模拟的资本要素收入占比（sim-profit）均值为34.68%，低于真实的资本要素收入占比（hist-labour）1.6个百分比；模拟政府部门收入（sim-gov）均值为21.62%，基本与真实值（hist-gov）相一致。①

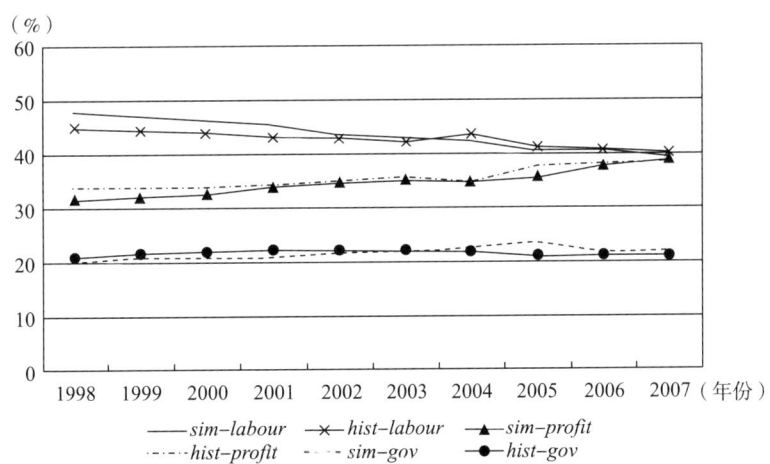

图7.2　1998～2007年真实—模拟的企业内部要素收入分配占比比较

资料来源：作者测算和整理。

---

① 经计算，真实政府部门收入（hist-gov）在样本区间内的均值为21.49%，与模拟值相比只相差0.13个百分点。

根据式（7.37），本节进一步对企业内部的资本—劳动替代弹性进行测算。根据测算结果，中国企业内部资本—劳动替代弹性从1998年的0.59下降到2007年的0.04，且近些年下降趋势明显。资本—劳动替代弹性在企业内部收入分配中扮演着重要的角色，当资本—劳动弹性接近1时，表明劳动要素和资本要素可以相互替代，而中国企业内部资本—劳动替代弹性在样本区间内却从接近0.5下降到接近0，样本区间的均值也只有0.38，这表明劳动越来越无法替代资本，如图7.3所示。劳动—资本替代弹性越低就会越加剧劳动和资本要素收入之间的不平等问题（Robert C. Allen，2009）。

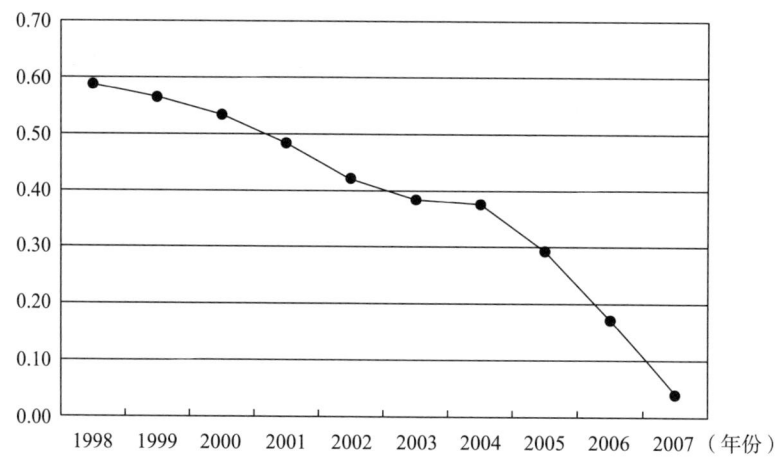

图7.3　1998~2007年中国企业资本—劳动替代弹性变动

资料来源：作者测算和整理。

7.4　权利配置对实证模拟比较结果的解释

前文曾指出，第5章内容验证了企业内部由于员工拥有的权利配置低于资本方而导致了自身劳动收入被降低，虽然强调了权利配置在企业内部收入分配中的重要性，但囿于个体特征数据的缺失限制，只能利用一年静态的数据来验证和分析权利配置影响劳动者获得的劳动收入偏离的事实，但本书运用这种方法无法利

第7章 基于 Translog 生产函数的中国企业要素收入分配实证比较

用长期的样本来检验权利配置对企业要素收入分配的影响，因此需要利用 Translog 生产函数建立一个关于中国企业增长和收入分配的模型，通过对相应参数的估计和测算，对中国企业要素收入分配占比进行重新模拟，并与中国企业要素收入分配占比的历史演进进行比较分析，在保持样本一致性的同时，进一步验证权利配置对企业内部劳资关系的影响，进而弥补第 5 章静态分析条件下得到结论的不足。通过重新模拟企业要素收入占比，进一步表明在样本区间内企业的劳动要素收入占比呈逐年下降趋势，而资本收入占比呈逐年递增趋势，表明资本和劳动要素收入占比之间确实存在"此消彼长"，而政府部门收入占比趋势较为稳定，基本维持在 21% 左右。模拟—真实的企业内部要素收入占比变动趋势的一致性也证明了劳动收入占比逐年下降的同时，劳动收入的主体地位不断被削弱，企业内部劳资之间的权利配置在这一过程中依然是产生资强劳弱这一问题的重要原因。

总体而言，劳动—资本替代率的下降是企业内部劳资双方权利配置问题的直接反映，劳动—资本替代弹性接近于 0 对企业内部的要素收入分配产生两方面影响：一方面，由于劳动无法替代资本，导致企业内部更加注重资本收益，加大对企业内部机器设备、厂房等固定资产的投资，忽视对劳动力引进、保障、教育等方面的投入；另一方面，由于《中华人民共和国公司法》《新劳动法》等相关法律法规赋予了资本方优先获得收益、"天然"担当企业要职等诸多权利，导致员工平等参与分配、共享企业利润、提高自身收入的权利被剥夺，从而加剧了企业内部的收入分配不平等问题。结果表明，虽然随着企业制度的完善和政府社会保障制度改革成效显著，企业更加注重内部员工保障体系的构建，劳动无法代替资本的根本原因在于企业内部权利配置的不平等，导致收入分配天然倾向资本方，因此权利配置的重点仍然在于不断提高劳动者的收入权。一方面，要不断提高企业内部劳动者报酬，赋予劳动者直接共享企业利润的权利；另一方面，企业要赋予员工共享企业利润分配的权利，降低资本的收入权，实现劳动分红与资本分红相结合的分配制度。此外，要进一步给予劳动者充分的保障权，不断加强对内部劳动者的培训、教育和保障，合理缩小企业内部收入差距，注重劳动力资本的培养，提高劳动回报率，促使企业更加注重劳动者的权利。

7.5 本章小结

本章基于 Translog 生产函数，建立了一个关于中国企业增长和收入分配的模型，通过对相应参数的估计和测算，对中国企业要素收入分配占比进行重新模拟，并与中国企业要素收入分配占比的历史演进进行比较分析将样本区间扩展到 1998~2007 年。通过对结果的实证模拟比较分析，对权利配置影响企业内部劳资关系进行稳健性检验。研究结果发现：

第一，模拟—真实的企业内部要素收入占比变动趋势的一致性表明，中国企业要素收入分配确实存在劳动要素收入占比不断降低，而资本要素收入占比逐年提高的现象。从数值来看，$sim-labour$ 均值为 43.70%，高于 $hist-labour$ 1.47 个百分点；$sim-profit$ 均值为 34.68%，低于 $hist-labour$ 1.6 个百分比；$sim-gov$ 均值为 21.62%，与 $hist-gov$ 只相差 0.13 个百分点。劳动收入占比逐年下降的同时，劳动收入的主体地位不断被削弱，企业内部劳资之间的权利配置在这一过程中依然是产生资强劳弱这一问题的重要原因。

第二，资本—劳动替代弹性进行测算结果显示，中国企业内部资本—劳动替代弹性从 1998 年的 0.59 下降到 2007 年的 0.04，样本区间的均值只有 0.38，且近些年下降趋势明显。这直接表明，在中国，企业内部劳动要素越来越无法替代资本要素。

第三，企业内部权利配置的重点仍然在于不断提高劳动者的收入权。一方面，要不断提高企业内部劳动者报酬，赋予劳动者直接共享企业利润的权利；另一方面，要降低资本的收入权，实现劳动分红与资本分红相结合的分配制度。

第8章 通过权利配置改革企业要素收入分配的政策建议

本书通过对文献的梳理、企业要素收入分配的测算、理论分析和实证分析，详细探讨了权利配置对企业要素收入分配的影响机制及两者之间的相互关系，并给出了相应的解释和结论。在此基础上，本章提出通过权利配置改革企业要素收入分配的政策建议。具体包括以下三方面内容：一是权利配置改革的原则、总体思路。二是权利配置改革企业要素收入分配的路径，重点从权利配置的三个维度出发，破解企业要素收入分配问题。三是国有企业收入分配制度的进一步改革，包括国有企业的分类和国有企业改革的重点及建议。

8.1 权利配置改革的原则、指导思想

权利配置改革属于制度改革的一部分，是一项非常艰巨和复杂的工程。权利配置改革就难在其要调整的是企业内部的劳动和资本之间的关系。对于收入制度改革而言，常常受到人们的诟病，究其原因主要体现在以下三点：一是改革的原则模糊、不明确，使改革无章可循。二是制度改革没有统一的指导思想，无法形成统一的意识形态降低交易成本。三是改革的路径不明确、单一，实施的方式缺乏可操作性。因此，本书在提出相应的改革建议之前，先要明确权利配置改革的原则和总的指导思想，以有效指导企业要素收入分配的改革。

8.1.1 权利配置改革的原则

权利配置改革企业要素收入分配改革的原则应遵循中国收入分配制度改革的总体原则。根据党的十八大报告提出的八个原则，本书选取了其中的三个原则：公平正义原则、共同富裕原则和社会（劳资）和谐原则。

（1）公平正义原则。公平正义是中国特色社会主义的内在要求。在全体人民共同奋斗、经济社会发展的基础上，加紧建设对保障社会公平正义具有重大作用的制度，逐步建立以权利公平、机会公平、规则公平为主要内容的社会保障体系，努力营造公平的社会环境，保证企业内部员工平等参与、平等发展的权利。公平正义原则是企业要素收入分配改革遵循的根本原则。

（2）共同富裕原则。共同富裕是中国特色社会主义的根本原则。要坚持社会主义基本经济制度和分配制度，调整国民收入分配格局，加大再分配调节力度。着力解决企业内部的收入差距过大问题，使发展成果更多、更公平地惠及员工，朝共同富裕方向稳步前进。

（3）社会（劳资）和谐原则。社会和谐是中国特色社会主义的本质属性。要把保障和改善民生放在更加突出的位置，加强和创新社会管理，正确处理改革发展稳定关系，团结一切可以团结的力量，最大限度增加和谐因素，增强社会创造活力，确保人民安居乐业、社会安定有序、国家长治久安。企业内部同样要注重调整劳动者与资本方之间的关系，保证劳资和谐相处。

8.1.2 权利配置改革的指导思想

权利配置改革企业要素收入分配的指导思想是要在企业内部，通过对劳动者和资本方内部的权利进行公正分配，更加注重对劳动者权利的保护，使劳动者在获得基本的生存和发展权利的同时，能够平等参与分配。要将提高劳动者的收入权作为重点，着力提高低收入员工的收入水平，扩大中等收入员工所占比重，限制高管人员取得过高收入。必须高度重视员工收入权配置，一方面，要强调收入权配置的普遍性，使员工能够普遍获得收益的权利；另一方面，要强调收入权的共享性，使劳动者获得参与分享企业利润的权利。通过权利配置改革最终实现企业内部劳资双方的总福利提升，如图 8.1 所示。

根据图 8.1 可知，权利配置改革企业要素收入分配应根据帕累托改进来衡量，即在企业内部其他人利益不损害的条件下，至少使一个人的利益得到改善。AO = OB，代表劳动要素收入与资本要素收入相等，通过权利配置优化，权利配置改革朝着图中箭头的方向进行，使企业内部最初的劳资总福利 U1 提高至 U2。这种改革要使企业内部的中低收入群体收益，不仅增加中低收入群体的收入，而且能够有效缩小企业内部的劳资收入差距。这种改革不能以给予资本方更多权利为目标，这种改革是缺乏动力的，不仅会进一步激化企业内部的劳资矛盾，而且会导致"富者恒富，穷者恒穷"的"马太效应"，从而进一步加剧企业内部的收入分配问题。

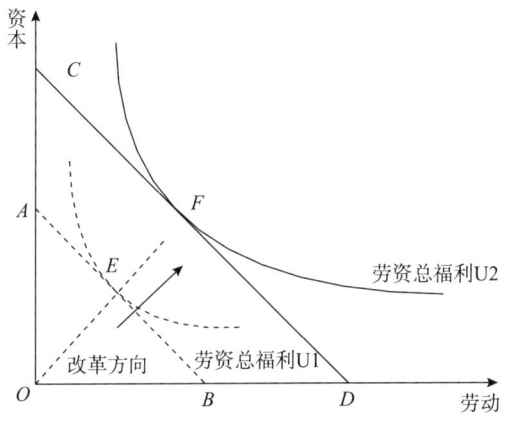

图 8.1 权利配置改革企业要素收入分配的总体效果

资料来源：作者自己绘制。

8.2 权利配置改革企业要素收入分配的路径

在权利配置影响企业要素收入分配的理论框架基础上，在大型微观企业数据库的支持下，为本书的政策建议提供了科学依据。改革好企业内部要素收入分配问题，就必须重视企业内部的权利配置。以平等参与权实现起点公平；以共享收入权实现过程公平；以充分保障权实现结果公平。同时，国有企业是收入分配改革的重点，政府应大幅提高国有企业，尤其是大型垄断性国有企业的利润上缴比例，使上缴部分更多地用于民生改善。另外，企业要素收入分配改革不能单纯"一刀切"，而是要结合行业、地区、所有制等因素，从企业入手，充分考虑劳动者利益，才能保障收入分配改革的公平性和合理性。

8.2.1 以平等的参与权实现起点公平

第一，法律上，进一步完善《新劳动法》《中华人民共和国公司法》等相关法律法规，明确赋予员工平等参与分配的权利，为员工获得收入创造一个相对自由的环境。党的十八届四中全会明确提出，要"依法维护人民权益、维护社会公平正义"，并要"加强重点领域立法，加快完善体现权利公平、机会公平、规则公平的法律制度"。员工在企业内部未获得充分重视的重要原因在于目前的法律环境对其在企业中应当享有的权利界定不充分,理应从法律上做进一步完善。例如,《中华人民共和国公司法》第一百六十七条规定:公司弥补亏损和提取公积金后所余税后利润,有限责任公司依照本法第三十五条的规定分配;股份有限公司按照股东持有的股份比例分配。很显然,这明确规定了资本直接参与利润分配的权利, 过分强调资本在利润分配中的重要地位,却没有相应地赋予员工平等参与利润分配的权利。法律的设置不应偏向于劳资双方的任何一方,而应从平等地保护劳资双方的权利来设定。《中华人民共和国公司法》关于公司性质的说明,并不利于维护劳动者平等参与分配的权利,忽略了劳动者在企业生产和运营组织中的重要作用,提出了公司确立的基本条件是基于货币化的技术或资本。关于公司性质的说明应当进行相应的修改,应明确公司是劳动和资本的有机结合的组织,因而从根本上确定了劳动与资本一样拥有平等参与公司治理和分配的权利。《中华人民共和国公司法》关于权力机构的设置偏向于资本方,资本方拥有天然担任公司要职的权利,而这一点却没有赋予劳动者,应进一步使职工参与企业管理,在公司中担任要职,从而根本提高劳动者在企业中的地位。

第二,建议尽快恢复《中华人民共和国公司法》第一百七十七条中关于公益金提取的规定,进一步保障企业内职工的集体福利。1993年,中国第一部《中华人民共和国公司法》第一百七十七条规定:"公司分配当年税后利润时,应当提取利润的百分之十列入公司法定公积金,并提取利润的百分之五至百分之十列入公司法定公益金。"第一百八十条规定:"公司提取的法定公益金用于公司职工的集体福利。"提取公益金至少规定劳动者可以享受以下几方面权利:①职工参与公司税后利润分配;②职工基于福利性质的利润分配权优于股东的利润分配权;③公益金的提取没有最高金额的限制,公司取得利润即可提取;④法定公益金的用途用于本公司职工的集体福利。恢复公益金有利于保障劳动者公平参与企业分配的权利,符合"谁创造,谁拥有"的准则。

第三,创造公平正义的收入分配环境。要促进劳动者的就业公平,营造良好的就业环境,出台严格的政策法规,严令禁止"暗箱"操作,坚决防止"关系户""资源户"干扰市场就业秩序。户籍制度的存在严重阻碍了市场经济的运行,应进一步改革现有户籍制度,使劳动力能够充分实现城乡流动,及时给予工

---

① 例如,《中华人民共和国公司法》第三十五条规定:股东按照实缴的出资比例分取红利。这些条款都从法律上天然赋予了资本方拥有攫取企业剩余的权利。

作多年的劳动者身份确认（户口），实现劳动者的价值。对企业而言，在市场范围内要降低垄断或行政对企业的指令，打破不同性质企业在不同行业、地区间进行生产获得差别歧视，充分发挥企业在市场资源配置中的主体地位，平等参与市场竞争。

8.2.2 以共享的收入权实现过程公平

第一，要赋予员工共享企业收益的权利。共享的收入权是使企业内员工公平地享有要素带来的收益。企业内部的收入要经过三个层次的分配形式：第一层次是企业层次，先从企业经营收入中扣除物质消耗、债务成本、国家征收的税收以及劳动力的工资，以形成企业净合作剩余。第二层次是将可分配净合作剩余在物质资本和人力资本联合进行分配。企业作为一个人力资本与物质资本合作创造剩余的组织而存在，同时又作为劳动者通过协作产生剩余的机构而存在，是企业可分配净剩余在两个联合之间进行分配的依据（刘长庚，2005）。其各自分配大小则依据企业类型①和企业规模大小来确定。第三层次是发生在各联合内部。对于劳动者而言，团队集合所得将在成员间以等额平均奖的形式发放。而要素联合主体内部的分配则依据人力资本与物质资本在创造剩余中的贡献来进行。其最终的分配将是，资本方获得作为要素主体应得的合作剩余，人力资本所有者将获得工资、作为主体应得的合作剩余和作为劳动主体的平均奖，普通劳动者则获得工资和作为劳动主体的平均奖，最终建立确保全民共享的收入权的分配制度。动态入股制度②为基础的利润分配制度，是确保公民实现共享的收入权的一种尝试。具体措施包括：一是推广股权、期权、入股等员工分享企业发展成果的长期激励制度，实现企业和员工的双赢。二是建立健全公平、多样化的晋升机制，长期激励劳动者工作热情。三是给予劳动者参与企业管理和决策的权利，保证劳动者在企业管理和决策中发挥作用，避免资本侵害劳动的行为。

第二，要设计科学合理的工资制度，充分保障员工共享的收入权。工资制度是企业激励员工的基础制度，一个企业如果没有科学合理的工资制度，会对内部劳资关系产生负面影响。合理的工资制度应该注重激发员工的工作热情，尤其是

---

① 包括劳动密集型、资本密集型和技术密集型。
② 动态入股制度是一种激励制度，通过赋予人力资本一定的剩余收益索取权，可以把企业的管理层和核心技术人员的收益与企业的经营状况集合起来，从而充分调动企业员工工作的积极性，并且动态变化的分离资本数目又将管理者和技术人员的收益同企业的长期经营状况联系在一起，从而有利于企业的长期发展。

要体现劳动者在企业中的作用。要在提高低收入劳动者的工资收入条件下，实行同工同酬的分配制度，使员工能够对企业的生产起到关键作用，提高企业生产效率。同工同酬的分配制度，既能够避免对临时工和底层员工的剥削，又能够在提高劳动者工资的前提下避免平均主义。

第三，要推广按岗位和绩效为基础的薪酬制度。要合理设置纵向不同层级岗位的工资差距、横向不同部门岗位的工资差距，合理设置不同岗位对应的绩效工资，逐步推广以岗位和绩效为基础的薪酬制度。合理的层级间的岗位工资差距可以有效激发劳动者工作热情，提高员工的工作努力程度，又能够避免由于工资差距过大而带来的劳资矛盾。与此同时，要结合经济发展、物价等因素，调整最低工资标准，并逐步建立员工工资的正常增长机制，保障中低收入职工获得合理劳动报酬增长的权利。

8.2.3 以充分的保障权实现结果公平

要赋予劳动者充分的保障权，给予员工充分获得教育培训、医疗、养老等基本生存和发展的权利。工会、三方机制、保险等外部保障的作用也不可忽视。企业给予员工充分的保障权可以有效缩小企业内部收入差距，在保障员工后顾之忧的同时，促进了企业内部要素收入分配的结果公平。

第一，企业内部要有建立健全的保障制度。一是企业要加大职工教育经费投入，保障员工获得接受技能培训和教育的权利。教育培训是提升人力资本的最有效途径，教育对员工技能水平和经验的提升具有重要的作用。企业要加大对内部员工的教育经费投入，定期对员工进行培训，并定期对培训的内容进行考察，使企业员工充分享受教育的权利，从根本上提高员工的人力资本和"讨价还价"能力。二是企业要注重员工享受基本的福利保障。除享受"五险一金"外，还要注重给予家庭有困难、边远地区工作员工一定的补贴，对员工进行人性化的管理和照顾，使劳动者拥有享受更为充分的福利保障的权利。三是充分发挥工会和三方机制的作用。进一步完善企业工会制度，提高工会在企业中的地位，充分发挥工会保障劳动者权利的作用，保障劳动者在企业中的地位。

第二，要充分发挥国家财政作用，将新增财政更多地用于民生支出，加大对低收入群体的保障力度。一是地方财政与中央财政的收入差距较为悬殊，政府收入的3/4在初次分配中由中央政府获得（韩雷，2012），地方财政与中央财政存在明显的财权和事权不对等问题。地方财政管得多、拿得却少，而中央财政则恰恰相反。中央财政应当加强对地方的转移支付力度，对地方财政进行适当的补贴，使地方财政能够有效用于企业支出，降低企业负担，从而使企业可以更充分地保障内部职工的权利。二是政府要加强对住房和社会保障的支出力度，注重建设全社会的充分保障，保障居民充分享受"老有所养、病有所依、学有所教"的权利。

第三，政府要适当降低"五险"上缴比例，并将降低部分直接转化为居民的可支配收入，逐步降低企业和员工的社会保障负担。据统计，我国五项社会保险法定缴费之和约等于工资水平的40%，这一比例要比绝大多数国家的相应数值高，例如美国为17.35%，澳大利亚只有9%。2012年全国社会保险基金收入2.36万亿元，占全国财政收入（约18万亿元）的13.11%。社会保险上缴率过高不仅给劳动者增添了"负担"，更直接导致劳动者的可支配收入占比下降，不利于维护劳动收入主体地位。因此，政府要通过财政收支制度的改革，适当降低"五险"上缴比例，减轻了企业负担，员工在充分享受社会保障的同时，也直接提高了员工的可支配收入。

8.3 国有企业要素收入分配制度改革的进一步完善

国有企业是中国收入分配制度改革的重点。实证研究表明，国有企业并未因其国有性质而给予员工更多权利配置。国有企业员工并不一定得到更高的劳动收入；相反，国有企业员工在获得劳动收入的过程中处于更加弱势的地位。国有企业要素收入分配制度改革亟须进一步完善。

8.3.1 国有企业的分类

《中共中央关于全面深化改革若干重大问题的决定》中，明确提出要"进一步深化国有企业改革"，这对国有企业提出了新要求。2012年，国有企业实现营业收入42.3万亿元，同比增长11%；实现利润2.2万亿元（未包括国有金融类企业），国有企业改革初具成效。综合来看，国有企业改革面临的许多问题很大程度上来源于自身的收入分配制度。进一步完善国有企业（要素）收入分配制度，不仅有利于解决我国当前收入分配存在的问题，更有利于完善我国基本经济制度，是进一步深化国有企业改革的关键之匙。

对国有企业要素收入分配制度改革的第一步就是要对国有企业分类有所区

分，不能一概而论。国有企业可以划分为垄断性国有企业和竞争性国有企业两大类。垄断性国有企业往往从事矿产、石油、水电等坐拥资源的行业，掌控着国家的战略资源，把握国民经济的命脉，这些企业往往具有很强的垄断性，垄断或独占社会资源，这类国有企业可以凭借自身拥有的垄断地位迅速获得资源，参与市场竞争，这类企业内部薪酬往往很高，但内部收入差距较大。竞争性国有企业与一般的非国有企业没有太大的区别，是处于竞争行业的国有企业。竞争性国有企业是普通的市场竞争者，其面临的外部竞争环境与一般企业没有太大的区别，所在行业也与垄断行业无关，只是其资本构成主要是国有资本。垄断性国有企业为宏观经济调控提供强有力的支持，竞争性国有企业是普通的市场竞争者，要不断做大做强。国有企业收入分配制度改革要能区分这些功能，不断实现国有企业的长期可持续发展。

8.3.2 改革的重点及相关建议

通过对企业内部要素收入分配的测算，结果发现，改革企业要素收入分配的重点在于中西部地区的大型垄断国有企业。由于民营企业自身的性质，本书第 6 章的实证部分也揭示出中国企业要素收入分配问题在于垄断性大型国有企业。本书进一步统计了企业规模与所有权性质企业的分布情况，具体如表 8.1 所示。

表 8.1 企业规模和所有权性质全样本统计

单位：%

企业规模	所有权性质					
	国有	集体	法人	民营	港澳台	外商独资
小规模	1.92	4.57	6.90	16.68	1.69	1.25
中等规模	1.68	4.42	7.41	15.42	2.33	1.73
大规模	3.95	3.40	8.47	10.90	3.40	3.87

资料来源：作者根据 Stata 软件统计。

表 8.1 的统计结果呈现两个主要特点：一是国有企业在大规模企业中的比例很高，占全样本的 3.95%。二是民营企业在大规模企业中的比例最高，达到 10.90%。导致大企业要素收入分配呈现上述变化的主要原因在于两个方面：一是民营企业的发展。近些年，我国民营企业发展迅速，民营企业占全样本的比例

为43%，根据2011年工业企业数据库测算，民营企业占比49.6%。① Bai 等（2006）指出，资本要素收入占比连续增加的主要原因在于资本回报率稳定。对民营企业而言，对资本回报率的重视远远高于其他类型企业，造成民营企业内部倾向于给予资本更高的回报率。二是国有企业的利润上缴方式。本书经进一步测算，大规模企业中的国有企业占整个国有企业的比重达到52.3%，占整个垄断行业的比例为60.4%。如果加上大规模企业中3.4%的集体企业，大规模的国有企业和集体企业数量达到112212家，是全样本垄断行业企业的1.1倍，这表明，大规模的垄断国有企业内部要素收入分配趋势"不容乐观"。垄断大型国有企业收入分配改革的重点又在哪里？本书认为，导致这一问题的主要原因在于大型垄断国有企业内部利润上缴方式。在样本区间内，1993~2007年国有企业长时期不上缴利润，随着市场化改革的推进，国有企业逐渐向民营企业"看齐"，更加重视资本回报率，利润留存更多地转化为资本收益，但这一时期员工的劳动收入占比基本没有变化甚至降低，这便是造成国有企业在这一时期资本要素收入份额迅速提高，而劳动要素收入份额显著下降的主要原因，郭庆旺和吕冰洋（2012）、刘长庚等（2013）都指出国有企业利润上缴过低这一问题对调节收入分配的负面影响。

目前，国有企业上缴利润比例最高只有25%，② 但总体来看，国企利润上缴比例仍较小，且大部分比例"回流"到国企内部，③ 这对改善要素收入分配微乎其微。获取巨额利润的金融类国有企业并未纳入收益上缴范围。结合国有企业的分类，本书认为，国有企业要素收入分配改革的重点在于两个方面：一方面，分类改革不同性质国有资本参与市场竞争和收入分配；另一方面，进一步健全和完善国有资本，尤其是大型垄断国有资本的经营预算与收益共享机制。针对这一问题，本书提出以下三点建议：

第一，分类规范国有资本参与市场竞争。竞争性国有资本参与市场竞争受到诸多限制，内部收入分配缺乏灵活性。竞争性国有资本较非国有资本在投资范

---

① 根据本书处理方法，2011年中国工业企业数据库处理后的样本观测值共174528个，其中，民营企业观测值达到86586个。
② 根据财政部最新发布的《关于进一步提高中央企业国有资本收益收取比例的通知》规定，从2014年起，适当提高中央企业国有资本收益收取比例。主要将国有独资企业应交利润收取比例在现有基础上提高5个百分点，中国烟草总公司利润上缴比例提高至25%。
③ 根据笔者计算，2012年，中央国有资本经营收入970.83亿元，但上缴利润中的879.79亿元又返还给国企内部，占中央国有资本经营支出的94.6%，而上缴的国有企业利润中，用于保障民生的支出只占5.4%。

围、投资程序和投资额度上都有较大限制。与此同时，这类企业按照行业、地区等规定上缴利润比例，而不是根据企业的实际发展状况。企业内部员工很难与国有资本共同分享企业的发展成果，企业内部缺乏有效的内部晋升机制。一方面，要适当控制垄断性国有资本参与市场竞争。垄断国有企业要逐步把经营产业集中于核心产业，坚决控制垄断国有企业的多元化发展，充分鼓励垄断国有企业国际化发展。另一方面，要充分保障竞争性国有资本自主参与市场竞争。鼓励竞争国有企业自由进入竞争性行业，积极倡导国有企业主要依靠市场参与竞争。

第二，分类调整国有企业内部收入分配。对于垄断国有企业，要妥善处理好国有资本和内部工作人员的收入分配关系。一是专业技术、管理人员的收益要和市场价值一致，避免过高收入。二是公平的激励制度。实施同工同酬的分配制度，提高临时工和底层员工的劳动收入。对于竞争国有企业，内部利润分配要根据企业的自身发展、行业特征和市场特点来匹配。

第三，进一步健全和完善国有资本经营预算与收益共享机制。国有企业内部收入分配制度改革的重点在于国有资本的经营预算。一是国有企业利润上缴比例过低，人民群众无法充分享有国有资本带来的收益。相反，挪威国家石油公司将从石油扩张取得的税后利润上缴国家的比例达到80%。二是中央国有资本经营支出结构不合理。2012年，中央国有资本经营收入970.83亿元，但上缴利润中的879.79亿元又返还给国有企业内部，占中央国有资本经营支出的94.6%，而用于保障民生的支出只占5.4%，支出结构明显不合理。三是经营资本预算范围有待进一步拓展。财政部于2010年颁发的《关于完善中央国有资本经营预算有关事项的通知》（财企〔2010〕392号）明确提出，要将预算覆盖范围由2010年国资委所监管的115家企业和中国烟草局扩大到包括教育部、中国国际贸易促进委员会等部门及下属企业等在内的652家企业，但截至2011年底，仍有4100户中央部门所属企业尚未纳入国有资本经营预算，特别是42户中央金融类企业尚未纳入国有资本经营预算管理。因此建议：一是逐步提高国有企业利润上缴比例，尤其是对以石油、烟草等为代表的垄断国有企业要将利润上缴比例逐步提高到50%以上，而对于竞争国有企业，要在2020年实现30%利润上缴比例的基础上逐步提高到35%。二是要尽快将金融类国有企业纳入收益上缴范围，并将该类企业利润上缴比例逐步提高至50%以上。三是将国有企业上缴利润主要用于充实社会保险基金，并大幅降低员工的社会保险基金缴费率，将降低部分直接转变为员工的可支配收入。四是要降低重新返还给国有企业的资本经营支出，同时提高中央国有资本经营支出中用于民生保障的部分，并将这一比例逐步提高到50%以上。

8.4 本章小结

本章基于权利配置影响企业要素收入分配理论和第 5 章、第 6 章的实证分析,结合中国实际,提出了权利配置改革企业要素收入分配的原则、总体思路和实现路径,并进一步结合前文结论对国有企业的要素收入分配制度改革提出了三点建议。权利配置在劳资之间的公正分配是企业要素收入分配改革遵循的根本原则。需要说明两点:①企业要素收入分配改革不能单纯"一刀切",而是要结合行业、地区、所有制等因素,从企业入手,充分考虑劳动者利益,才能保障收入分配改革的公平性和合理性。②大型垄断国有企业是收入分配改革的重点,而国有企业收入分配改革的重点则在于分类改革和进一步健全和完善国有资本,尤其是大型垄断国有资本的经营预算与收益共享机制。

第 9 章　结论及展望

本书从权利配置视角为中国企业要素收入分配问题寻找解释，这对调整收入分配格局，建立公正分配的收入分配制度，进一步完善社会主义市场经济体制都具有重要的意义。本书对中国企业要素收入分配格局进行了系统的测算，并建立了权利配置影响企业要素收入分配的理论基础，并在此基础上利用规范的计量方法，基于中国工业企业数据库，实证评估了权利配置对企业要素收入分配的影响效果。本书主要得到以下五点结论：

第一，改革企业要素收入分配的重点在于大型垄断国有企业。通过对中国企业要素收入分配按行业性质、规模、所有权性质和地区等方面进行测算，表明要素收入分配，尤其对劳动和资本要素，垄断行业、大型企业、国有企业、中西部地区企业的要素收入占比变动尤为强烈，即劳动要素收入占比下降更快，资本要素收入占比上升显著。中国背景下的企业规模必然对要素收入分配产生影响，企业规模越大，劳动要素收入占比下降越快，而资本要素收入占比变动则相反。另外，国有企业利润上缴方式和民营企业近些年的快速发展可能是导致中国企业部门劳动收入占比下降和资本收入占比提高的重要原因。测算结果直接表明，企业要素收入分配的症结在于大型垄断国有企业。另外，通过对中国企业要素收入分配的测算，中国企业部门整体劳动要素收入偏低可能是造成中国宏观层面劳动收入占比持续下降的重要原因之一，而资本要素收入占比偏高则对宏观层面资本收入占比上升具有一定影响。张杰等（2012）、胡奕明和买买提依明·祖农（2013）的研究结论证明了本书的观点。

第二，权利配置对企业要素收入分配具有重要影响。新古典主义将企业看成一个投入—产出的"黑匣子"，过度强调要素替代弹性、技术进步等因素对要素收入分配的问题，并不重视内部劳资关系的研究，忽视了企业内部一系列制度，尤其是劳资之间合约、权利等关系的问题，而企业内部的权利配置恰恰是重要的。企业内部的权利配置能够转化为各种收入模式，对要素形成了不同的激励，决定了企业内各种要素的收入。在企业内部权利一定的前提下，劳动者与资本方会共同对各种权利进行分配,如果资本方拥有的权利集合强于劳动者,内部收入分配会偏向于资本方,导致资本方获得的收入相对偏高,而劳动者获得的收入相对偏低;如果劳动者拥有的权利配置集合强于资本方,内部收入分配会偏向于劳动者,员工则具有更强的讨价还价能力,使其获得相对较高的收入。因此,企业内部收入分配格局的形成要通过要素间的权利配置来决定。正是由于要素间,尤其是资本和劳动间的权利配置存在差异,最终形成了企业内各种要素的分配格局。对资本方而言,占有收益的分配方式之一就是充分利用自身拥有的强势权利配置尽可能地压低劳动者获得的收入,从而达到攫取员工剩余和降低成本的目的。企业收入分配制度的主要问题在于内部权利配置不当,这正是分析当前中国企业收入分配制度的基本框架。企业内部权利配置可以抽象为三个最基本的维度:参与权、收入权、保障权。权利配置更强调以人为本,更倾向于劳动和保障弱势群体的利益。通过对企业内部权利的合理配置,基本实现了起点公平、过程公平和结果公平的统一。参与权强调在起点平等参与竞争,收入权强调过程公平、合理,保障权保障分配结果更加公平,从权利配置视角更能体现企业内部效率与公平的统一性。

第三,劳动者(员工)并未获得"公平"的劳动收入。①劳资双方所拥有的权利配置差异对最终劳动者获得的劳动收入具有非常重要的影响。方差分解显示,在企业内部,劳动者拥有的权利配置影响比重为25.39%,而资本方拥有的权利配置影响比重高达74.61%,最终使劳动者获得的劳动收入低于"公平"的劳动收入。②平均而言,在劳动者的劳动收入形成的过程中,资本方凭借其强势的权利配置将以22.12%的幅度降低员工劳动收入,而劳动者由于其权利配置较弱只能以14.19%的幅度提高劳动收入,两种效应最终作用的结果是使劳动者获得的劳动收入低于"公平"劳动收入幅度达到7.93%。以2004年中国工业企业数据库统计得到的平均员工劳动收入11000元/人来测算,员工实际应该得到的"公平"劳动收入为11947.43元/人,足足少了947.43元/人。③只有不到10%的劳动者能够获得正剩余。换言之,另有超过90%的劳动者被迫接受低于"公平"价格的劳动收入。在劳动力市场上,劳动收入形成的过程中,劳资双方拥有权利配置强弱具有明显的异质性,但劳动者无疑在获得劳动收入的过程中普遍处于弱势地位。

第四,实证表明权利配置在企业要素收入分配中扮演重要角色。①总体而言,权利配置平均程度上能够解释企业内部劳动要素收入占比的24.85%、资本要素收入占比的17.55%、政府部门收入占比的11.18%;能够最大限度地解释劳动要素收入占比的为35.21%、资本要素收入占比的29.55%、政府部门收入占比的14.32%；能够解释劳动要素收入占比的最小程度为15.53%、资本要素收入占比的4.8%、政府部门收入占比的8.04%。其中，收入权对企业的劳动和资本要素收入分配影响最大，平均解释程度分别达到18.63个和10.95个百分点；保障权对劳动和资本要素收入分配的影响次之，参与权影响相对最弱。②权利配置对劳动和资本要素分配份额解释程度在时间上的动态变化表明，权利配置各维度对要素收入分配总体影响贡献大小依次为收入权、保障权和参与权。其中，收入权对劳动要素收入占比的影响呈逐年下降趋势，而对资本要素收入占比的影响则相反。③全要素生产率和企业规模是收入权影响企业内部劳动和资本要素收入占比变动的主要因素。但全要素生产率代表的技术进步对要素分配呈现逐年递减趋势，而企业规模对要素收入分配的影响越来越大，并成为影响资本要素收入份额不断提高的主要因素。民营企业近些年的快速发展和国有企业利润上缴方式成为企业规模影响要素收入分配背后的重要原因。

第五，基于Translog生产函数的中国企业要素收入分配实证比较结果表明：①中国企业要素收入分配确实存在劳动要素收入占比不断降低，而资本要素收入占比逐年提高的现象。从数值来看，$sim-labour$均值为43.70%，高于$hist-labour$ 1.47个百分点；$sim-profit$均值为34.68%，低于$hist-labour$ 1.6个百分比；$sim-gov$均值为21.62%，与$hist-gov$只相差0.13个百分点，Translog模拟与真实的企业内部要素收入占比变动趋势具有一致性。②资本—劳动替代弹性测算结果表明，在中国企业内部劳动要素越来越无法替代资本要素。中国企业内部资本—劳动替代弹性从1998年的0.59下降到2007年的0.04，样本区间的均值只有0.38，且近些年下降趋势明显。③企业内部权利配置的重点仍然在于不断提高劳动者的收入权。一方面，要不断提高企业内部劳动者报酬，赋予劳动者直接共享企业利润的权利；另一方面，企业要赋予员工共享企业利润分配的权利，降低资本的收入权，实现劳动分红与资本分红相结合的分配制度。

第六，改革好企业内部要素收入分配问题，就必须重视企业内部的权利配置。以平等参与权实现起点公平；以共享的收入权实现过程公平；以普遍保障权实现结果公平。同时，国有企业是收入分配改革的重点，政府应大幅提高国有企业，尤其是大型垄断性国有企业的利润上缴比例，使上缴部分更多地用于民生改善。另外，企业（要素）收入分配改革要结合行业、地区、所有制等因素，从企业入手，充分考虑劳动者利益，才能保障收入分配改革的公平性和合理性。

第9章 结论及展望

本书只是从权利配置角度对企业要素收入分配进行系统分析,属于初次分配领域的研究,尽管得到了一些有益的结论,但在数据使用、研究方法、权利配置的内涵、权利配置改革的实现等方面仍有待进一步完善。进一步的研究主要包括以下五个方面:

第一,企业层面的数据有待进一步拓展。由于数据限制,本书核算企业要素收入分配的时期只限于 1998~2007 年,且由于涉及要素收入占比算法的指标或变量缺失,导致本书无法进一步对近几年的企业要素收入分配现状进行研究。但是从现有国内研究数据来看,关于企业微观层面的数据以上市公司数据为主,由于中国资本市场发展较晚,致使长面板的上市公司数据太少。另外,微观企业层面数据主要提供企业财务报表方面的指标,而企业员工数量、员工学历、员工年龄等方面的个体特征数据基本没有,这也限制了相关研究的研究范围。因此,需要统计局、高校、学术机构等相关部门着手拓展我国企业层面的相关数据,以便广大学者更好地进行相关方面研究。

第二,对权利配置内涵的解释问题。本书将权利配置概括为平等的参与权、共享的收入权和充分的保障权,但是应该看到,现实中企业内部包含的各种权利可能多种多样,且是不断变化的,并不仅限于这三种权利,但本书只是在理论的基础上提炼出权利配置的这三种核心权利,这并不代表权利配置只是对有限的权利进行配置。对于这一点,需要读者就现实和理论进行有效的区分。

第三,将权利配置三个维度模型化问题。本书主要整体评估了权利配置对要素收入分配的影响,但是限于代理变量确定问题,本书目前尚不能合理寻找权利配置三个维度的代理变量,因而我们下一步的研究是从权利配置三个维度准确寻找相应的代理变量,运用回归基础上的方差分解等方法,通过评估参与权、收入权和保障权对企业要素收入分配的影响程度,从而确定权利配置影响企业要素收入分配的最重要维度,回答"权利配置各维度在多大程度上影响了企业要素收入分配"这一问题。

第四,关于劳动收入研究的新趋势。近年来,企业内部劳动和资本之间分配的不平等是企业要素收入分配中的重要问题,但是劳动者内部的收入差距扩大趋势也日益明显,今后的研究有必要从功能性收入分配角度对劳动分类做进一步划分,例如,将脑力劳动和体力劳动的收入所得进行划分,抑或将原始劳动和人力资本对劳动所得进行划分。

第五,有关模型的解释力问题还有待深入。由于宏观模型数据时序性较强,模型回归分解的解释力通常可以达到60%，但是对于利用大型微观数据进行回归分解的解释力通常很低，例如，白重恩和钱震杰（2008）最高影响因素的贡献度只有4.2%。宏微观模型回归分解的差异到底与模型设定有关，还是与数据使用有关，也值得进一步考虑。

参考文献

[1] Acemoglu D. and Shimer R. Wage and Technology Dispersion. Review of Economics [J]. Studie. 2009, 67: 585 – 607.

[2] Acemoglu D. and V. Guerrieri. Capital Deepening and Non – balanced Economic Growth [J]. Journal of Political Economy, 2008, 116 (3): 467 – 498.

[3] Acemoglu D. and R. Shimer. Wage and Technology Dispersion [J]. Review of Studies, 2000, 67 (4): 585 – 607.

[4] Acemoglu, Daron. Labor and Capital Augmenting Thechnical Change [J]. Journal of the European Economic Association, 2003, 1 (1): 1 – 37.

[5] Akerlof and Yellen. The Fair Wage – effort Hypothesis and Unemployment [J]. Quarterly Journal of Economics, 1990, 105 (2): 255 – 283.

[6] Akerlof. Labor Contracts as Partial Gift Exchange [J]. Quarterly Journal of Economics. 1982 (47, 4): 543 – 569.

[7] Alchian, Demsetz. Production, Information Costs and Economic Organization [J]. The American Economic Review, 1972 (62): 777 – 795.

[8] Alexei Izyumov and John Vahaly. Labor vs. Capital Incomes in Transition Economies: What Would Karl Marx Say? [Z]. University of Louisville, Working Paper, 2011.

[9] Amano, Akihiro. Based Technical Progress and a Neoclassical Theory of Economic Growth [J]. The Quarterly Journal of Economics, 1964, 78 (1): 129 – 138.

[10] Arrow G. Debreu. The Existence of an Equilibrium for a Competitive Economy [J]. Econometrica, 1954, XXII: 265 – 90Y.

[11] Atkinson A. B. The Changing Distribution of Income: Evidence and Explanations [J]. German Economic Review, 2000, 1 (1): 3 – 18.

[12] Bai Chong – En, Jiangyong Lu and ZhigangTao. The Multitask Theory of State Enterprise Reform: Empirical Evidence from China [J]. American Economic Re-

view [J]. 2006, 96 (2): 353 -357.

[13] Bell Frederick. W. The Theory of Relative Shares: Comment [J]. The Quarterly Journal of Economics, 1965, 79 (4): 671 -676.

[14] Bentolila S. , Gilles Saint - Paul. Explaining Movements in the Labor Share [J]. Contributions to Macroeconomics, 2003, Vol. 3 (1): 1103 -1136.

[15] Bertoli S. , F. Farina. Functional Distribution of Income: Theory and Evidence [Z]. CRISS Working Paper, 2007 (21) .

[16] Blackburn M. L. and D. Neumark. Unobserved Ability, Efficiency Wages, and Interindustry Wage Differentials [J]. Quarterly Journal of Economics, 1992, 107 (4): 1421 -1435.

[17] Blanchard O. and F. Giavazzi. Macroeconomic Effects of Regulation and Deregulation in Goods and Labor Markets [J]. The Quarterly Journal of Economics, 2003, 118 (3): 879 -907.

[18] Blanchard O. J. The Medium Run [J]. Brookings Papers on Economic Activity, 1997 (2): 89 -158.

[19] Boldrin M. and C. G. Ruiz. What if Factor Shares are not Constant? Implications for Growth and Business Cycle Theories [R]. Working Paper, University of Minnesota, 2006.

[20] Bowles and Gintis. Contested Exchange: New Microfoundations for the Political Economy of Capitalism [J]. Politics and Society, 1990, 18 (2): 165 -222.

[21] Bowles S. and H. Gintis. Contested Exchange: New Microfoundations for The Political Economy of Capitalism [J]. Politics and Society, 1990, 18 (2): 165 - 222.

[22] Bowly A. L. The Change in the Distrubution of the National Income: 1880 - 1913 [M]. The Clarendon Press, 1920.

[23] Brandt L. , J. Van Biesebroeck, et al. Creative Accounting or Creative Destruction? Firm - level Productivity Growth in Chinese Manufacturing [J]. Journal of Development Economics, 2012, 97 (2): 339 -351.

[24] Burkhead, Jesse. Changes in the Functional Distribution of Income [J]. Journal of the American Statisical Association, 1953, 48 (262): 192 -219.

[25] Chirinko R. S. Corporate Taxation, Capital Formation, and the Substitution Elasticity between Labor and Captial [J]. National Tax Journal, 2002, 55 (2):

339 – 355.

[26] Christensen, Jorgenson and Lau. Conjugate Duality and the Transcendental Logarithmic Production Function [J]. Econometrica, 1971, 39 (6): 255 – 256.

[27] Christensen, Jorgenson and Lau. Transcendental Logarithmic Production Frontier [J]. Review of Economics and Statistics, 1973, 55 (2): 28 – 45.

[28] Clark, Colin. The Nation Income: 1924 – 1931 [M]. London: Macmillan, 1932.

[29] Coase. The Nature of the Firm [J]. Economica, 1937 (4): 386 – 406.

[30] Decreuse B., P. Maarek. FDI and the Labor Share in Developing Countries: A Theory and Some Evidence [R]. Working Paper, GREQAM, University of Aix – Marseilles, 2008.

[31] Démurger, Sylvie, Martin Fournier, Li Shi and Wei Zhong. Economic Liberalization With Rising Segmentation In China's Urban Labor Market [J]. Asian Economic Papers, 2006, 3 (5): 58 – 101.

[32] Diwan I. Labor Shares and Financial Crises [R]. Draft Paper for the World Bank, 1999.

[33] Diwan I. Labor Shares and Globalization [R]. World Bank working paper, November 2000, Washington.

[34] Dunlop J. T. Wage Determination Under Trade Unions [M]. AM Kelley, 1950.

[35] Eriksson. Executive Compensation and Tournament Theory: Empirical Tests on Danish Data [J]. Journal of Labor Economics. 1999, 17 (2): 262 – 280.

[36] Fehr E., Schmidt K. M. A Theory of Fairness, Competition, and Cooperation [J]. Quarterly Journal of Economics, 1999, 114 (3): 817 – 868.

[37] Ferguson C. E. and J. R. Moroney. The Sources of Change in Labor's Relative Shares: A Neoclassical Analysis [J]. Southern Economic Journal, 1969, 35 (4): 308 – 322.

[38] Ferguson C. E. Neoclassical Theory of Technical Progress and Relative Factor Shares [J]. Southern Economic Journal, 1968, 34 (4): 490 – 504.

[39] Flinn C. Minimum Wage Effects on Labor Market Outcomes under Search Matching and Endogenous Contact Rates [J]. Econometrica. 2006 (74): 1013 – 1062.

[40] Gallaway. The Theory of Relative Shares [J]. The Quarterly Journal of Economics, 1964, 78 (4).

[41] Gaynor M. and S. W. Polachek. Measuring Information in The Market: An Application to Physician Services [J]. Southern Economic Journal, 1994, 60 (4): 815-831.

[42] Giammarioli N., J. Messina, T. Steinberger. European Labor Share Dynamics: An Institutional Perspeactive [J]. European University Institute, 2002: 3.

[43] Gibbons, Robert, and Lawrence Katz. Does Unmeasured Ability Explain Inter-industry Wage Differences? [J]. Review of Economic Studies, 1992 (LIX): 515-535.

[44] Gollin. Douglas. Getting Income Shares Right [J]. Journal of Political Economy, 2002 (4): 458-474.

[45] Gujarati, Damodar. Labor's Share in Manufacturing Industries: 1949-1964 [J]. Industrial and Labor Relations Review, 1969, 23 (1): 65-77.

[46] Harrison A. E. Has Globalization Eroded Labors Share? Some Cross-Country Evidence [N]. MPRA Paper, 2002, No. 39649.

[47] Hart Oliver and John Moore. Incomplete Contracts and Renegotiation [J]. Economica, 1988, 56 (4): 75-96.

[48] Hibbs, Douglas A. J., Locking, H. Wage Dispersion and Productive Efficiency: Evidence for Sweden [J]. Journal of Labor Economics. 2000, 18 (4): 755-782.

[49] Hicks J. R. Theory of Wages [M]. London: Macmillan, 1939.

[50] Hodgson. Evolution and Institutions: On Evolutionary Economics and the Evolution of Economics [M]. Cheltenham, UK: Edward Elgar, 1999: 131f.

[51] Hofman, Antre A. Economic Growth, Factor Shares and Income Distribution in Latin American in the Twentieth Century [R]. Tokyo: Modern Economic Growth and Distribution in Asia, Latin America, and the European Periphery: A Historical National Accounts Approach, 2001 March: 16-18.

[52] Holmstrom and Milgrom. Multitask Principal-Agent Analyses: Incentive Contracts, Asset Ownership, an Job Design [J]. Journal of Law, Economics, and Orgnization, 1991 (7): 24-52.

[53] Hsueh, Chang-Tai and Qiang Li. China's National Income: 1952-1995

[M]. Westview Press, 1999.

[54] Hsueh, Tien-tung and Qiang Li. China's National Income: 1952-1995 [M]. Westview Press, 1999.

[55] Johnson D. The Functional Distribution of Income in the United States: 1850-1952 [J]. The Review of Economics and Statistics, 1954, 36 (2): 175-182.

[56] Kaldor, Nicholas. Alternative Theories of Distribution [J]. The Review of Economic Stidies, 1955, 23 (2): 83-100

[57] Kaldor. Capital Accumulation and Economic Growth [M]. The Theory of Capital. New York: St. Martin Press, 1961.

[58] Kalecki M. The Determinants of the National Income [J]. Econometrica, 1938, 6 (2): 97-112.

[59] Kenndy, Charles. Induced Bias in Innovation and the Theory of Distribution [J]. The Economic Journal, 1964, 74 (295): 541-547.

[60] Keynes J. M. The General Theory of Employment Interest and Money [M]. London: Macmillan, 1936.

[61] Keynes J. M. Relative Movements of Real Wages and Output [J]. Economic Journal, 1939 (49): 34-49.

[62] King W. I. and L. Epstein. The Nation Income Wealth and Its Purchasing Power [M]. National Bureau of Economic Research, Inc., 1930.

[63] King W. I. The Wealth and Income of the People of the United States [M]. London: Macmillan, 1915.

[64] Klein, Crawford and Alchian. Vertical Integration, Appropriable Rents, and the Competitive Contrating Process [J]. Journal of Law and Economics, 1978 (21): 297-326.

[65] Klein L. R. and R. F. Kosobud. Some Econometrics of Growth: Great Ratios of Economics [J]. The Quarterly Journal of Economics, 1961, 75 (2): 173-198.

[66] Kongsamut, Piyabha, Sergio Rebelo and Danyang Xie. Beyond Balanced Growth [J]. Review of Economic Studies, 2001, 68 (4): 869-882.

[67] Kujis, Louis. How Will China's Saving-investment Balance Evolve? [R]. World Bank China Office Research Working Paper, 2006 (No. 5. May 5).

[68] Kumbhakar S. C. and Lovell C. A. K. Stochastic Frontier Analysis [M].

Cambridge University Press, New York. 2000: 90.

[69] Kumbhakar S. C. and C. F. Parmeter. The Effects of Match Uncertainty and Bargaining on Labor Market Outcomes: Evidence from Firm and Worker Specific Estimates [J]. Journal of Productivity Analysis, 2009, 31 (1): 1 – 14.

[70] Kuznets S. S. Nation Income and Capital Formation, 1919 – 1935: A Preliminary Report [M]. Nation Bureau of Economic Research, Incorporated, 1937.

[71] Lance E. Davis, Douglass C. North. With the assistance of Calla Smorodin, Institutional Change and American Economic Growth [M]. Cambridge [Eng.]: University Press, 1971.

[72] Lianos T. P. The Relative Share of Labor in United States Agriculture: 1949 – 1968 [J]. American Journal of Agricultural Economics, 1971, 53 (3): 411 – 422.

[73] Martin Gaynor and Solomon W. Polachek. Measuring Information in the Market: An Application to Physician Services [J]. Southern Economic Journal. 1994, 60 (4): 815 – 831.

[74] Martin R. F. Nation Income in the United States [M]. New York, 1939.

[75] Martins P. S. Dispersion in Wage Premiums and Firm Performance [J]. Economics Lett – ers, 2008 (4).

[76] Milgrom P., Roberts J. An Economic Approach to Influence Activities in Organizations [J]. American Journal of Sociology, 1988, 94 (S): 154 – 179.

[77] Morduch J. and T. Sicular. Rethinking Inequality Decomposition, with Evidence from Rural China [J]. The Economic Journal, 2002 (112): 93 – 1061.

[78] Morel L. A Sectorial Analysis of Labor's Share of Income in Canada [R]. Working paper of Research Department, Bank of Canada, 2005.

[79] North. Economic Performance Through Time [J]. The American Economic Review, 1994, 84 (3): 359 – 368.

[80] Ortega D. and F. Rodriguez. Openness and Factor Shares [R]. Office of Economic and Financial Advisors (OAEF), National Assembly, Venezuela, 2002.

[81] Polachek S. W. and B. J. Yoon. Panel Estimates of A Two – Tiered Earnings Frontier [J]. Journal of Applied Econometrics, 1996, 11 (2): 169 – 178.

[82] Poterba J. The Rate of Return to Corporate Capital and Factor Shares: New Estimates Using Revised National Income Accounts and Capital Stock Data [R]. NBER

Working Paper 6263, 1997: 9 - 22.

[83] Prigent C. La part des Salaires Dans la Valeur AjoutOoe en France: Une Approehe Maeror - eonomique [R]. Iconomie et Statistique, INSEE. 1999, 323: 73 - 94.

[84] Robert C. Allen. Engels' Pause: Technical Cahange, Capital Accumulation, and Inequality in the British Industrial Revolution. [J]. Explorations in Economic History, 2009, 46 (4): 418 - 435.

[85] Robert I. Lerman and Shlomo Yitzhaki. Income Inequality Effects by Income Source: A New Approach and Applications to the United States [J]. The Review of Economics and Statistics, 1985, 67 (1): 151 - 156.

[86] Rodríguez F. and D. Ortega. Are Cpital Shares Higher in Poor Countries? Evidence from Industrial Surveys [EB/OL]. http://ideas.Repec.org/p/fth/wodeec/205.html.

[87] Rowthorn R. Unemployment, Wage Bargaining and Capital - labour Substitution [J]. Cambridge Journal of Economics, 1999, 23 (4): 413 - 425.

[88] Ruttan V. W. and T. T. Stout. Regional Differences in Factor Shares in American Agriculture: 1925 - 1957 [J]. Journal of Farm Economics, 1960, 42 (1): 52 - 68.

[89] Sargent, Thomas. J. and Neil Wallace. The Elasticity of Substitution and Cyclical Behavior of Productivity, Wage, and Labor's Share [J]. The American Economic Review, 1974, 64 (2): 257 - 263.

[90] Simon Kuzneets. Economic Growth and Income Inequality [J]. American Economic Review, 1955 (45): 1 - 26.

[91] Solomon W. Polachek and Bong Joon Yoon. Panel Estimates of a Two - Tiered Earnings Frontier [J]. Journal of Applied Econometrics, 1996, 11 (2): 169 - 178.

[92] Solow R. M. A Skeptical Note on the Contancy of Relative Shares [J]. The American Economic Review, 1958, 48 (4): 618 - 631.

[93] Spector D. Competition and the Capital - Labor Conflict [J]. European Economic Review, 2004, 48 (1): 25 - 38.

[94] Weitzman and Kruse. Profit Sharing and Productivity [M]. Washington D. C.: The Brookings Institution, 1990: 326 - 468.

[95] Williamson, Oliver. Markets and Hierarchies: Analysis and Anti-trust Implications [M]. New York: The Free Press. 1975: 321-356.

[96] Williamson, Oliver. The Economic Institutions of Capitalism: Firms, Markets, and Relational Contracting [M]. New York: The Free Press. 1985.

[97] Williamson, Oliver. The Mechanisms of Governance [M]. United Kingdom: Oxford University Press, 1996.

[98] Winter-Ebmer and Zweimuller. Intra-firm Wage Dispersion and Firm Performance [J]. Kylos, Wiley Blackwell, 1999, 52 (4): 555-572.

[99] Yang, Rudai and Canfei He. The Productivity Puzzle of Chinese Exporters: Perspectives of Local Protection and Spillover Effects [J]. Papers in Regional Science, Forthcoming, 2013.

[100] Young, Andrew T. Labor's Share Flunctuations, Based Technical Change, and the Business Cycle [J]. Review of Economic Dynamics, 2004, 7 (4): 916-931.

[101] Zhang X. and Zhang K. H. How does Globalization Affect Regional Inequality within a Developing Country? —Evidence from China [J]. Journal of Development Studies, 2003 (39): 47-671.

[102] Zuleta, Hernando and Andrew T. Young. Labor's Shares Aggregate and Industry: Accounting for Both in a Model of Unbalanced Growth with Induced Innovation [R]. Working Paper, Universidad del Rosario, 2007.

[103] [美] 塞缪尔·鲍尔斯, 赫伯特·金蒂斯. 民主与资本主义——财产、共同体以及现代社会思想的矛盾 [M]. 韩水法译. 北京: 商务印书馆, 2013.

[104] [美] 塞缪尔·鲍尔斯, 理查德·爱德华兹, 弗兰克·罗斯福. 理解资本主义: 竞争、统制与变革 [M]. 孟捷, 赵准, 徐华主译. 北京: 中国人民大学出版社, 2010.

[105] 白重恩, 钱震杰. 国民收入的要素分配: 统计数据背后的故事 [J]. 经济研究, 2009a (3): 27-41.

[106] 白重恩, 钱震杰. 劳动收入份额决定因素: 来自中国省际面板数据的证据 [J]. 世界经济, 2010 (12): 3-27.

[107] 白重恩, 钱震杰. 谁在挤占居民的收入——中国国民收入分配格局分析 [J]. 中国社会科学, 2009b (5): 99-115.

[108] 白重恩,钱震杰. 我国资本收入份额影响及变化原因分析——基于省级面板数据的研究[J]. 清华大学学报(哲学社会科学版),2009(4):137-147.

[109] 白重恩,钱震杰. 中国工业部门要素分配份额决定因素研究[J]. 经济研究,2008(8):16-28.

[110] 布朗芬布伦纳. 收入分配理论[M]. 方敏译. 北京:华夏出版社,2010.

[111] 蔡昉,王美艳. "未富先老"对经济增长可持续性的挑战[J]. 宏观经济研究,2006(6):6-10.

[112] 蔡昉. 探索适应经济发展的公平分配机制[N]. 人民论坛,2005-10-17.

[113] 曾国安,胡晶晶. 国民收入分配中的公平与效率:政策演进与理论发展[M]. 北京:人民出版社,2013.

[114] 陈道平,刘伟. 基于 Translog 生产函数的中国汽车工业规模经济与替代弹性及价格弹性研究[J]. 数理统计与管理,2009(1):10-22.

[115] 陈宗胜,宗振利. 二元经济条件下中国劳动收入占比影响因素研究——基于中国省际面板数据的实证分析[J]. 财经研究,2014(2):41-53.

[116] 陈宗胜. 经济发展中的收入分配[M]. 上海:上海人民出版社,1994.

[117] 迟福林. 中国收入分配制度改革与职工持股[M]. 北京:中国经济出版社,2000.

[118] 大卫·李嘉图. 政治经济学及税赋的原理(第一版)[M]. 北京:华夏出版社,2005.

[119] 戴园晨,黎汉明. 工资侵蚀利润——中国经济体制改革中的潜在危险[J]. 经济研究,1988(6):3-11.

[120] 方福前. 当代西方经济学主要流派[M]. 北京:中国人民大学出版社,2004.

[121] 方军雄. 劳动收入比重,真的一致下降吗——来自中国上市公司的发现[J]. 管理世界,2011(7):31-41.

[122] 郭庆旺,吕冰洋. 论税收对要素收入分配的影响[J]. 经济研究,2011(6):16-30.

[123] 郭庆旺,吕冰洋. 论要素收入分配对居民收入分配的影响[J]. 中国

社会科学，2012（12）：46 - 62.

[124] 国家发改委社会发展研究所课题组. 我国国民收入分配格局研究[J]. 经济研究参考，2012（21）：34 - 82.

[125] 韩雷，许明. 一个要素收入分配的制度经济学模型[J]. 湘潭大学学报（哲学社会科学版），2013（6）：25 - 30.

[126] 韩雷. 中国劳动收入占比变化的制度解释：1952 - 2009 [D]. 湘潭大学博士学位论文，2012.

[127] 韩妍. 中国工业企业要素生产率区域差异性研究——基于超越对数生产函数模型的实证分析 [D]. 兰州大学博士学位论文，2009.

[128] 洪远朋. 共享利益论 [M]. 上海：上海人民出版社，2001.

[129] 胡奕明，买买提依明·祖农. 关于税、资本收益与劳动所得的收入分配实证研究 [J]. 经济研究，2013（8）：29 - 41.

[130] 黄磊，周勇. 基于超越对数生产函数的能源产出及替代弹性分析[J]. 河海大学学报（自然科学版），2008（1）：134 - 138.

[131] 黄乾，魏下海. 中国劳动收入占比下降的宏观经济效应——基于省级面板数据的实证分析 [J]. 财贸经济，2010（4）：121 - 127.

[132] 黄先海，徐圣. 中国劳动收入比重下降成因分析——基于劳动节约型技术进步的视角 [J]. 经济研究，2009（7）：34 - 44.

[133] 李稻葵，刘霖林，王红领. GDP中劳动份额演变的U型规律[J]. 经济研究，2009（1）：70 - 82.

[134] 李稻葵. 重视GDP中劳动收入比重的下降 [J]. 新财富，2007（9）：40 - 41.

[135] 李实. 中国经济转型与收入分配变动 [J]. 经济研究，1998（4）.

[136] 李扬，殷剑峰. 中国高储蓄率问题探究——1992~2003年中国资金流量表的分析 [J]. 经济研究，2007（6）：14 - 26.

[137] 李扬. 收入功能分配的调整：对国民收入分配向个人倾斜现象的思考[J]. 经济研究，1992（7）：11 - 19.

[138] 李子奈，潘文斌. 计量经济学（第三版）[M]. 北京：高等教育出版社，2010.

[139] 梁季. 劳动报酬占比的国际比较与分析 [J]. 经济研究参考，2012（45）：69 - 76.

[140] 刘长庚，戴克明，颜长春. 创新收入分配制度，促进竞争性国有企业

大发展 [J]. 湘潭大学学报（哲学社会科学版），2013（6）：20 – 24.

[141] 刘长庚，韩雷. 企业内层级收入差距和企业绩效的关系 [J]. 中国人民大学学报，2011（1）：37 – 44.

[142] 刘长庚，韩雷. 市场经济的性质 [J]. 湘潭大学学报（哲学社会科学版），2012（2）：68 – 72.

[143] 刘长庚，韩雷. 现代企业应赋予劳动者对利润的收益权 [J]. 红旗文稿，2011（1）：17 – 19.

[144] 刘长庚，江剑平. 以公正分配促进经济持续健康增长 [N]. 中国社会科学学报，2015 – 3 – 25（07）.

[145] 刘长庚，江剑平. 以公正分配实现收入倍增 [J]. 中州学刊，2014（5）：38 – 41.

[146] 刘长庚，许明，刘一蓓. 员工获得了"公平"的劳动所得吗——基于中国工业企业数据库的测度与验证 [J]. 中国工业经济，2014（11）：128 – 140.

[147] 刘长庚. 联合产权论 [M]. 北京：人民出版社，2003.

[148] 卢洪友，连玉君，卢盛峰. 中国医疗服务市场中的信息不对称程度测算 [J]. 经济研究，2011（4）：94 – 106.

[149] 鲁晓东，连玉君. 中国企业全要素生产率估计：1999 ~ 2007 [J]. 经济学（季刊），2012（1）：541 – 558.

[150] 陆正飞，王雄元，张鹏. 国有企业支付了更高的职工工资吗 [J]. 经济研究，2012（3）：28 – 39.

[151] 罗楚亮，李实. 人力资本、行业特征与收入差距——基于第一次全国经济普查资料的经验研究 [J]. 管理世界，2007（10）：19 – 30.

[152] 罗尔斯. 正义论 [M]. 何怀宏译，北京：中国社会科学出版社，2001.

[153] 罗长远，张军. 经济发展中的劳动收入占比：基于中国产业数据的实证研究 [J]. 中国社会科学，2009a（4）：65 – 79.

[154] 罗长远，张军. 劳动收入占比下降的经济学解释——基于中国省级面板数据的分析 [J]. 管理世界，2009b（5）：25 – 35.

[155] 罗长远. 卡尔多"特征事实"再思考：对劳动收入占比的分析 [J]. 世界经济，2008（11）：86 – 96.

[156] 吕冰洋，郭庆旺. 中国要素收入分配的测算 [J]. 经济研究，2012

(10): 27-39.

[157] 马克思, 恩格斯. 马克思恩格斯选集 [M]. 北京: 人民出版社, 2004.

[158] 马克思. 资本论 [M]. 北京: 人民出版社, 2004.

[159] 马歇尔. 经济学原理 (下卷) [M]. 北京: 商务印书馆, 1965.

[160] 聂辉华, 江艇, 杨汝岱. 中国工业企业数据库的使用现状和潜在问题 [J]. 世界经济, 2012 (5): 142-158.

[161] 诺斯. 经济史上的结构和变革 [M]. 厉以宁译. 北京: 商务印书馆, 2010.

[162] 诺斯. 制度、制度变迁与经济绩效 [M]. 杭行译. 上海: 格致出版社, 2008.

[163] 潘啸. 新时期我国非公有制企业劳资冲突问题研究 [D]. 山东大学博士学位论文, 2008.

[164] 钱震杰. 中国国民收入的要素分配份额研究 [M]. 北京: 中国金融出版社, 2011.

[165] 青木昌彦. 企业的合作博弈分析 [M]. 北京: 中国人民大学出版社, 2005.

[166] 卿石松, 郑加梅. "同酬"还需"同工": 职位隔离对性别收入差距的作用 [J]. 经济学 (季刊), 2013 (1): 735-756.

[167] 邵敏, 黄玖立. 外资与我国劳动收入份额——基于工业行业的经验研究 [J]. 经济学 (季刊), 2010, 9 (4).

[168] 史红亮, 陈凯, 闫波. 我国钢铁行业能源—资本—劳动的替代弹性分析——基于超越对数生产函数 [J]. 工业技术经济, 2010 (11): 110-116.

[169] 孙鳌, 陈雪梅. 新古典经济学的假设与演变 [J]. 江苏社会科学, 2005 (5): 45-50.

[170] 孙博, 吕晨红. 不同所有制企业社会缴费能力比较研究——基于超越对数生产函数的实证分析 [J]. 江西财经大学学报, 2011 (1): 50-55.

[171] 唐东波. 全球化与劳动收入占比: 基于劳资议价能力的分析 [J]. 管理世界, 2011 (8): 23-33.

[172] 万广华, 陆铭, 陈钊. 全球化与地区间收入差距: 来自中国的证据 [J]. 中国社会科学, 2005 (3): 17-26.

[173] 万广华. 经济发展与收入不平等: 方法和证据 [M]. 上海: 上海三

联书店，2006.

[174] 汪德华，张再金，白重恩. 政府规模、法制水平与服务业发展 [J]. 经济研究，2007（6）.

[175] 王灿雄，谢志忠. 基于替代弹性的中国超越对数生产函数模型实证比较 [J]. 石家庄经济学院学报，2014（10）：14-19.

[176] 魏下海，董志强，黄玖立. 工会是否改善劳动收入份额——理论分析与来自中国民营企业的经验证据 [J]. 经济研究，2013（8）：16-28.

[177] 西蒙. 基于实践的微观经济学 [M]. 孙涤译. 上海：格致出版社，2009.

[178] 向书坚. 我国功能收入分配格局分析 [J]. 统计研究，1997（6）：16-21.

[179] 许明，刘长庚，刘一蓓. 中国制造业企业要素收入分配的测算和实证研究 [J]. 经济与管理研究，2015，36（10）.

[180] 亚当·斯密. 国民财富的性质和原因研究 [M]. 王亚南译. 北京：商务印书馆，2008.

[181] 杨俊，廖尝君，邵汉华. 经济分权模式下地方政府赶超与劳动收入占比——基于中国省级面板数据的实证分析 [J]. 财经研究，2010（8）：4-14.

[182] 杨丽. 收入分配与中等收入陷阱的关系研究 [D]. 南开大学博士学位论文，2013.

[183] 杨少华，徐学清. 居民劳动报酬对功能收入分配的影响分析 [J]. 运筹与管理，2000（3）：110-114.

[184] 杨钟馗. 中国收入分配变迁解读 [M]. 重庆：重庆大学出版社，2014.

[185] 叶林祥，李实，罗楚亮. 行业垄断、所有制与企业工资收入差距——基于第一次全国经济普查企业数据的实证研究 [J]. 管理世界，2011（4）：26-36.

[186] 岳希明，李实，史泰丽. 垄断行业高收入问题探讨 [J]. 中国社会科学，2010（3）：77-93.

[187] 张杰，卜茂亮，陈志远. 中国制造业部门劳动报酬比重下降及其动因分析 [J]. 中国工业经济，2012（5）：57-69.

[188] 张杰，黄泰岩. 中国企业的工资变化趋势与决定机制研究 [J]. 中国工业经济，2010（3）：42-53.

［189］张军．中国经济改革的回顾与分析［M］．太原：山西经济出版社，1998．

［190］张五常．经济解释［M］．香港：花千树出版社，2003．

［191］张五常．中国的经济制度［M］．上海：立信出版社，2008．

［192］章上峰，顾文涛．超越对数生产函数的半参数变系数估计模型［J］．统计与信息论坛，2011（8）：18－22．

［193］赵俊康．我国劳资分配比例分析［J］．统计研究，2006（12）：7－12．

［194］赵人伟，李实，卡尔等．中国居民收入分配再研究［M］．北京：中国财政经济出版社，1999．

［195］郑志国．中国企业利润侵蚀工资问题研究［J］．中国工业经济，2008（1）：5－13．

［196］周明海，肖文，姚先国．企业异质性、所有制结构与劳动收入份额［J］．管理世界，2010（10）：24－33．

［197］周明海，肖文，姚先国．中国经济非均衡增长和国民收入分配失衡［J］．中国工业经济，2010（6）：35－45．

［198］周明海，姚先国，肖文．功能性与规模性收入分配：研究进展和未来方向［J］．世界经济文汇，2012（3）：89－107．

［199］周云波，［美］覃晏．中国居民收入分配差距实证分析［M］．天津：南开大学出版社，2008．